collection **MAGELLAN**

Banque d'exercices photocopiables

Histoire

Cycle 3

conforme aux programmes 2002

sous la direction de

Sophie Le Callennec
Professeure d'histoire-géographie

Françoise Martinetti
Professeure agrégée d'histoire, Inspectrice de l'Éducation nationale

Laurence Rolinet
Professeure d'histoire-géographie, formatrice en CFP

Claude Ranaivonasy
Professeur certifié d'histoire-géographie

Conseils et corrigés disponibles sur www.magellan-hatier.fr

HATIER

Illustrations Isa Python, Bruno Lesourd, Amélie Veaux

Avant-propos

La collection Magellan, qui se compose d'un guide pour l'enseignant (Enseigner l'histoire au cycle 3) et d'un manuel (Histoire cycle 3) est désormais complétée d'une banque d'exercices photocopiables.

Ce recueil propose des exercices qui couvrent l'ensemble du programme de cycle 3 : après quelques pages consacrées à l'histoire et au découpage du temps, les exercices sont répartis en 6 grands thèmes, qui correspondent aux thèmes des programmes 2002 mais aussi au découpage du manuel.

Les exercices proposés sont d'une grande variété : construction de la trace écrite (cartes, frises chronologiques...), travail sur des reconstitutions historiques et des tableaux célèbres, sur des vestiges et des textes historiques, questions de connaissance, de compréhension, classement, mise en ordre, rédaction de légende, travail sur le vocabulaire historique...

Les exercices sont variés aussi par leur objectif : ils peuvent servir à préparer la leçon, à évaluer la compréhension des élèves, à appliquer les connaissances, à mettre en forme la trace écrite ou encore à effectuer une évaluation des acquis. Dans certains cas, comme pour la réalisation des cartes et des frises chronologiques, l'enseignant propose aux élèves de travailler avec le manuel ouvert.

Le recueil tient compte d'une certaine progression chronologique dans l'enseignement mais surtout, pour chaque exercice, une indication liminaire permet à l'enseignant de savoir à quel public il s'adresse : élèves de CE2, de CM1 et/ou de CM2.

Enfin, les exercices proposés sont nombreux et se recoupent souvent sur un même thème : il s'agit de choisir le ou les exercices les plus appropriés en fonction du niveau de la classe et des objectifs poursuivis, non de faire faire tous les exercices par la classe.

Des conseils d'exploitation et les corrigés des exercices sont disponibles en ligne sur le site : www.magellan.hatier.fr

Sophie Le Callennec

Mode d'emploi

1. Choisissez un exercice en fonction du programme, de votre découpage, de vos objectifs (constitution de la trace écrite, application, évaluation...) et en fonction du niveau des élèves.

2. Photocopiez la page pour conserver votre banque d'exercices intacte et **découpez** l'exercice choisi avec son titre.

3. Positionnez-le sur une page blanche.
Prévoyez la place pour une légende ou la correction de l'exercice.

4. Complétez la page :
– personnalisez la page : indiquez le titre de la séquence, numérotez l'exercice, prévoyez la place pour que les élèves inscrivent leur nom, la date…
– éventuellement, aménagez les documents : tracer des traits de conduite pour indiquer aux élèves où écrire sur les cartes, donner des indications de dates pour aider à la réalisation des frises chronologiques…
– éventuellement, donnez des indications pour aider les élèves à travailler de manière autonome : conseillez aux élèves de s'aider de leur manuel, de leur cahier de cycle, de consulter un dictionnaire, un atlas historique, d'effectuer une recherche à la BCD…

5. Photocopiez le montage et **distribuez**-le aux élèves.

6. Certains exercices permettent de constituer la trace écrite : chaque élève découpe le résultat de son travail (carte, frise chronologique, fiche biographique, schéma fléché…) après correction et le colle dans son cahier de cycle.

Les autres exercices peuvent rester dans un classeur, un lutin ou une chemise.

Sommaire

L'histoire et le découpage du temps

PRÉALABLE **L'histoire**

EXERCICE

QU'EST-CE QUE L'HISTOIRE ?

CE2
CM1
CM2

Réponds aux questions.

1. Donne une définition de l'histoire que tu apprends à l'école : ....

....

....

....

2. Trouve un autre sens du mot « histoire » : ....

....

....

....

EXERCICE

À QUOI L'HISTOIRE S'INTÉRESSE-T-ELLE ?

CE2
CM1
CM2

Souligne les éléments que les historiens étudient.

1. les guerres du passé
2. les guerres actuelles
3. les guerres qui auront lieu dans le futur
4. les découvertes et les inventions faites autrefois
5. les découvertes et les inventions faites il y a peu de temps
6. les découvertes et les inventions que les chercheurs sont sur le point de faire
7. comment on vivait il y a très longtemps
8. comment on vivait il y a quelques années
9. comment on vit en Australie de nos jours
10. comment on vivra dans le futur

PRÉALABLE

Le découpage du temps

EXERCICE

LES JOURS, LES SEMAINES, LES MOIS, LES ANNÉES

CE2
CM1

Réponds aux questions.

1. Combien y a-t-il de jours dans une année ? ....

Combien y a-t-il de mois ? .... Combien y a-t-il de semaines ? ....

2. Combien y a-t-il de jours dans une semaine ? .... dans un mois ? ....

3. Combien de jours y a-t-il dans une année bissextile ? ....

Quelle est la prochaine année bissextile ? ....

EXERCICE

LES MOIS

CE2
CM1
CM2

Complète le schéma en écrivant le nom des mois puis réponds aux questions.

Pour trouver le nombre de jours dans un mois, sers-toi de tes poings : nomme les mois en posant ton doigt tantôt sur une bosse, tantôt dans un creux ; les mois que tu cites sur une bosse ont 31 jours ; ceux que tu cites dans un creux ont 30 jours (sauf février qui en compte 28 ou 29).

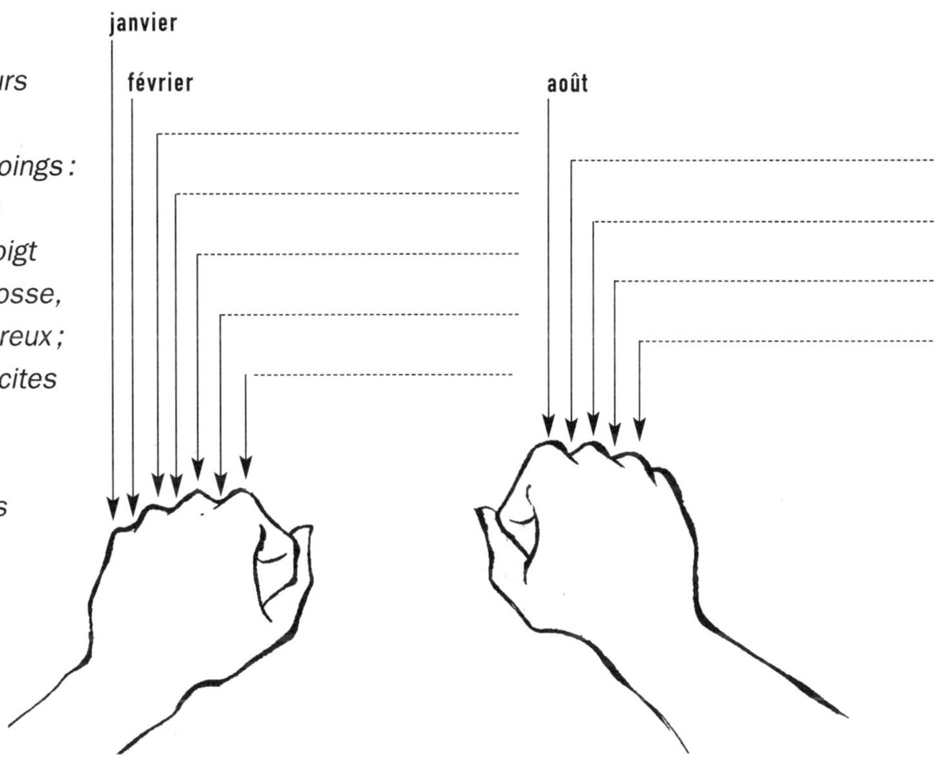

1. Combien y a-t-il de jours en mars ? .... en juillet ? ....

2. Nomme un mois de 30 jours : ....

Nomme un mois de 31 jours : ....

3. Quels sont les mois de 31 jours qui se suivent ?

– .... et ....

– .... et ....

4. Quel est le mois le plus court de l'année ? ....

EXERCICE

LES SIÈCLES, LES MILLÉNAIRES

CE2
CM1

Réponds aux questions.

1. Combien de temps un siècle dure-t-il ? ....

2. Combien de temps un millénaire dure-t-il ? ....

Écris les durées en les classant de la plus courte à la plus longue :

siècle, année, mois, millénaire, jour, semaine.

– ....

– ....

– ....

– ....

– ....

– ....

EXERCICE

LA DATE

CE2

Complète le cadre en écrivant la date d'aujourd'hui.

....	....	....	....
jour de la semaine	numéro du jour dans le mois	nom du mois	numéro de l'année

EXERCICE

LES CALENDRIERS

CE2
CM1
CM2

Complète le texte en choisissant parmi les mots suivants :

naissance, 1er janvier, calendrier, grégorien, 31 décembre.

Un .... est un système qui permet de découper le temps

et de se repérer dans son déroulement.

Le calendrier que nous utilisons est appelé calendrier ....

Il compte le temps à partir de la .... de Jésus, en l'an 1.

L'année commence le .... et se termine le

....

EXERCICE — LES CHIFFRES ROMAINS

CE2
CM1
CM2

Complète le tableau des chiffres romains.

Si l'on met deux chiffres semblables côte à côte, on les additionne : par exemple, **II** *(1 + 1) = 2.*

Si l'on met un petit chiffre après un grand, on les additionne aussi : par exemple, **XI** *(10 + 1) = 11.*

Mais si l'on met un petit chiffre avant un grand, on le soustrait : par exemple, **IX** *(1 ôté de 10) = 9.*

1	→	I	11	→	XI	21	→	....
2	→	....	12	→	....	22	→	....
3	→	....	13	→	....	etc.		
4	→	IV	14	→	....			
5	→	....	15	→	....			
6	→	....	16	→	....			
7	→	....	17	→	....			
8	→	....	18	→	....			
9	→	....	19	→	....			
10	→	X	20	→	....			

CE2
CM1
CM2

Écris les nombres suivants en chiffres romains.

3 = ... 4 = ... 6 = ... 7 = ...

12 = ... 20 = ... 19 = ... 14 = ...

18 = ... 13 = ... 21 = ... 24 = ...

EXERCICE — COMPTER LES SIÈCLES

CM1
CM2

Pour chacune des dates, écris à quel siècle elle appartient.

- 1789 appartient au .... siècle
- 1944 appartient au .... siècle
- 1848 appartient au .... siècle
- 1492 appartient au .... siècle
- 632 appartient au ....
- 2008 appartient au ....
- 52 av. J.-C. appartient au ....

EXERCICE

LA LIGNE DU TEMPS

CE2
CM1

Complète cette ligne du temps qui représente ta vie.

1. Dans la première case, à gauche, écris l'année de ta naissance (la date précise, si tu la connais).

2. Indique les années suivantes en écrivant une année par case.
Colorie les années que tu as déjà vécues et laisse les autres en blanc.

3. Complète la frise en indiquant des éléments personnels : par exemple, ton entrée en CP, la naissance d'un frère ou d'une sœur, un voyage, un déménagement, etc.

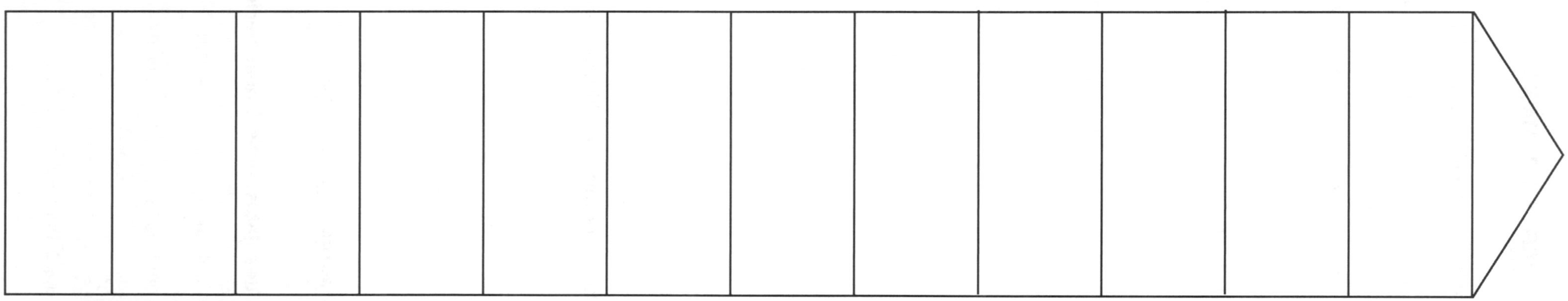

EXERCICE LA FRISE CHRONOLOGIQUE

CE2

Réponds aux questions en faisant une phrase à chaque fois.

1. À quoi sert une frise chronologique ? ....

....

....

2. Sur une frise chronologique, de quel côté se trouve le passé ? ....

....

3. Pourquoi les frises chronologiques se terminent-elles à droite par une flèche ?

....

....

EXERCICE LES GRANDES PÉRIODES DE L'HISTOIRE

CE2
CM1
CM2

Complète la frise chronologique des grandes périodes de l'histoire.

1. Colorie l'Antiquité en violet, le Moyen Âge en bleu, les Temps modernes en jaune, le XIXe siècle en orange, le XXe siècle et la période contemporaine en vert.

2. Écris le nom de chaque période sur la frise ou complète la légende.

3. Écris sur la frise chronologique, au bon endroit, les dates suivantes : 1848, 632, 1125, 800, 1515, 125.

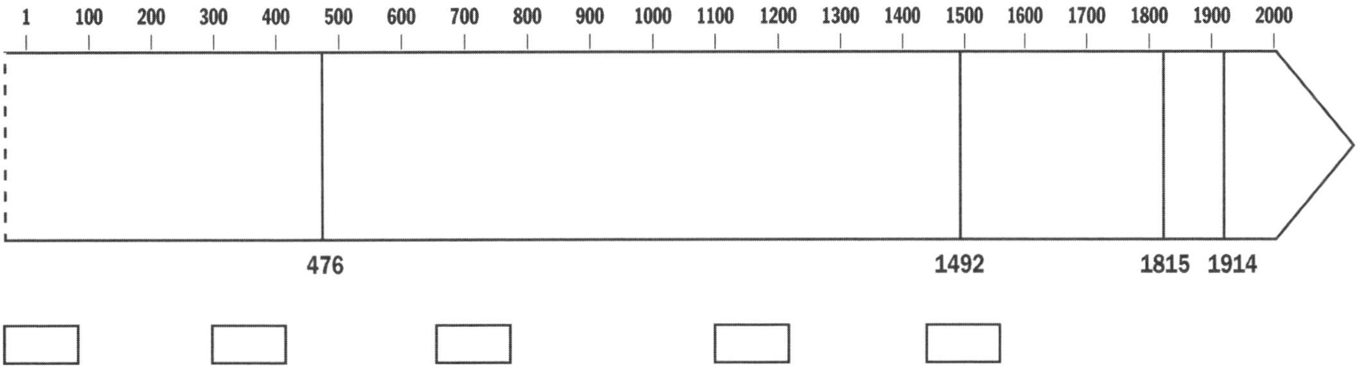

CE2
CM1
CM2

Réponds aux questions à propos de la frise ci-dessus.

4. Sachant que l'Antiquité a commencé vers –3000, quelle est la période la plus longue de l'histoire ? ....

Combien de temps a-t-elle duré ? ....

5. Dans quelle période sommes-nous actuellement ? ....

Combien de temps cette période a-t-elle déjà duré ? ....

1 La préhistoire

SÉQUENCE 1

La préhistoire et le travail de l'archéologue

EXERCICE

LA PRÉHISTOIRE ET SES MYSTÈRES

CE2
CM1
CM2

Réponds aux questions en faisant une phrase à chaque fois.

1. Qu'est-ce que la préhistoire ?

....

....

....

....

2. Le mot préhistoire se compose de deux parties : « pré » et « histoire ».

Rappelle la définition du mot « histoire » : ....

....

....

« Pré » signifie « avant ». Cherche dans le dictionnaire d'autres mots qui commencent par « pré » signifiant « avant » : ....

....

En utilisant le sens de « pré » et de « histoire », explique ce qu'est la « préhistoire » :

....

....

....

3. Pourquoi connaît-on mal cette période du passé de l'humanité ? ....

....

....

....

4. Nomme trois choses qui n'existaient pas à l'époque de la préhistoire :

– ....

– ....

– ....

EXERCICE

VOCABULAIRE

CE2
CM1
CM2

Écris la définition des mots suivants.

1. Un vestige : ....

....

....

2. Un archéologue : ....

....

....

EXERCICE

LE TRAVAIL DES ARCHÉOLOGUES

CM1
CM2

Découpe et remets dans l'ordre les activités des archéologues.

Les archéologues effectuent des fouilles.

Ils interprètent ce qu'ils ont découvert.

Les archéologues repèrent un site riche en vestiges.

Les archéologues dégagent délicatement les vestiges.

Ils quadrillent le terrain pour situer les découvertes.

Ils reconstituent les vestiges.

SÉQUENCE 2 **L'origine de l'humanité**

EXERCICE

VOCABULAIRE

CE2
CM1
CM2

Écris la définition des mots suivants.

1. Un hominidé : ....

....

....

....

2. Bipède : ....

....

....

EXERCICE

LES HOMINIDÉS ET LUCY

CE2
CM1
CM2

Réponds aux questions en faisant une phrase à chaque fois.

1. Donne une ressemblance entre les hominidés et les êtres humains.

....

....

....

2. Donne une différence entre les hominidés et les êtres humains.

....

....

....

3. Que sais-tu de Lucy ?

....

....

....

....

4. Portait-elle déjà ce nom à l'époque où elle vivait ?
(justifie ta réponse)

....

....

EXERCICE LES ÊTRES HUMAINS

CE2
CM1
CM2

Pour chaque activité, cherche le nom d'un animal qui est capable de la faire.
Souligne les activités propres aux seuls êtres humains.

1. marcher debout : ....

2. fabriquer des outils : ....

3. communiquer : ....

4. nager : ....

5. construire une habitation : ....

6. siffler : ....

7. monter dans les arbres : ....

8. écrire : ....

EXERCICE LE PEUPLEMENT DE LA TERRE

CE2
CM1
CM2

Complète la carte du peuplement de la Terre.

1. Colorie en rouge la région d'origine des premiers êtres humains.

2. Trace des flèches pour montrer comment les populations se sont progressivement déplacées pour occuper toute la Terre.

3. Complète la légende et donne un titre à la carte.

LÉGENDE

☐ Région d'origine des premiers êtres humains

Déplacement des populations et occupation de la Terre

TITRE :

EXERCICE

LES HOMINIDÉS ET LES PREMIERS ÊTRES HUMAINS

CE2
CM1
CM2

Écris au bon endroit, sur la frise chronologique, les noms suivants :

Homo habilis, Homo erectus et Homo sapiens sapiens.

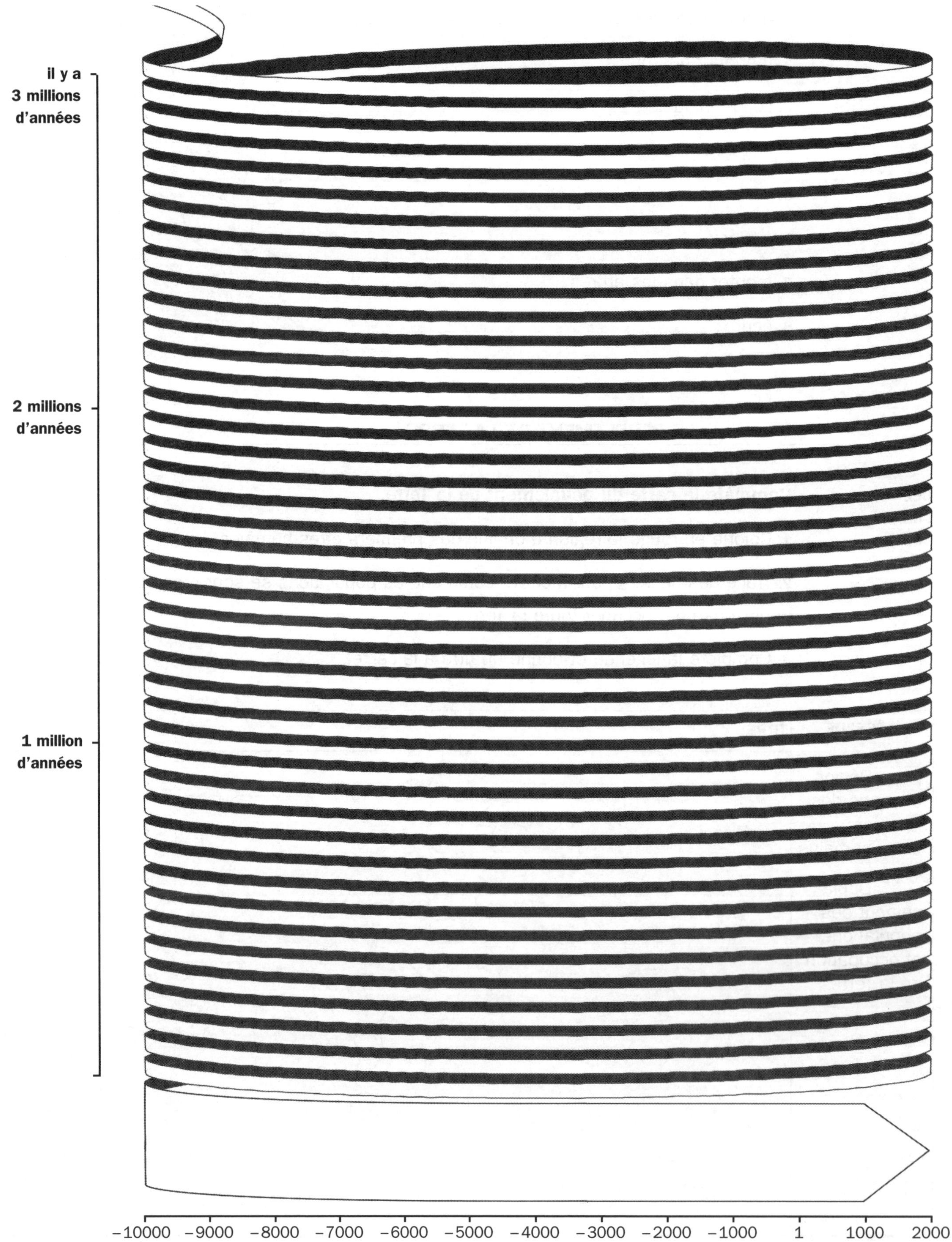

SÉQUENCE 3 Les premières réalisations humaines

EXERCICE — LES PREMIERS OUTILS

CE2
CM1
CM2

Nomme ces outils préhistoriques et classe-les dans l'ordre chronologique en les numérotant du plus ancien au plus récent.

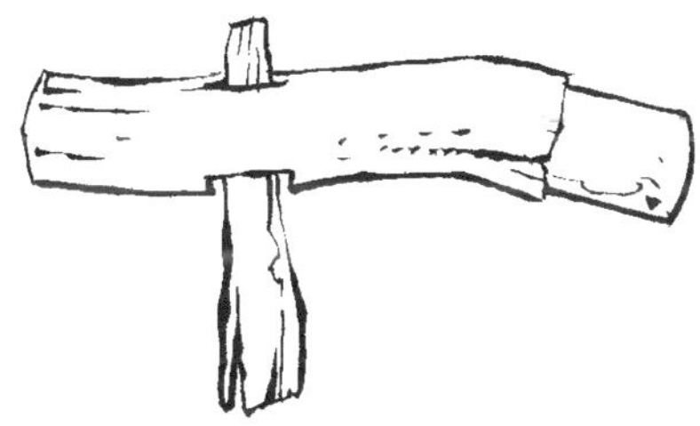

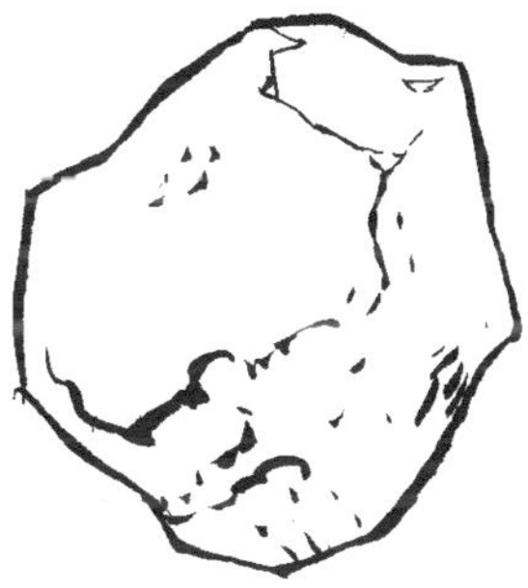

EXERCICE — LA FABRICATION DES OUTILS PRÉHISTORIQUES

CE2
CM1

Décris en quelques phrases les étapes de la taille de cet outil.

1. ....

2. ....

3. ....

EXERCICE

LA MAÎTRISE DU FEU

CE2
CM1
CM2

Décris en quelques phrases cette manière de faire du feu.

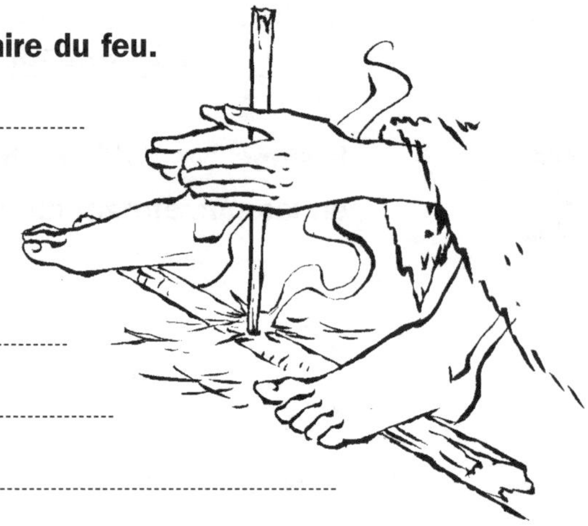

....

....

....

....

....

....

EXERCICE

LA MAÎTRISE DU FEU

CE2
CM1
CM2

Écris *vrai* ou *faux* après chacune de ces phrases.

1. Le feu permet d'attirer les bêtes sauvages pour les capturer. ....

2. Le feu fournit de la lumière et permet aux hommes de s'éclairer. ....

3. Le feu favorise la solitude des hommes car chacun a son propre feu. ....

4. Le feu permet de cuire les aliments mais leur donne un mauvais goût. ....

5. Le feu contribue à la fabrication d'outils en pierre. ....

6. Le feu fournit la chaleur nécessaire pour résister au froid. ....

7. En tuant les germes, le feu rend la viande plus comestible. ....

EXERCICE

LA MAÎTRISE DU FEU

CE2
CM1
CM2

Écris au bon endroit, sur la frise chronologique :

– Premiers êtres humains vers –3 millions d'années

– Feu vers –600 000 ans.

PLACEZ ICI LA FRISE CHRONOLOGIQUE SPIRALAIRE DE LA PAGE 18

D'après cette frise chronologique, quelle période a duré le plus longtemps : celle durant laquelle les peuples de la préhistoire maîtrisaient le feu ou celle durant laquelle ils ne le maîtrisaient pas ? (justifie ta réponse) ....

....

....

La vie des premiers peuples

EXERCICE

LA CUEILLETTE, LA PÊCHE ET LA CHASSE

CE2
CM1
CM2

Écris son nom sous chaque objet, en t'aidant des reconstitutions et en choisissant dans la liste suivante : *biface, harpon, propulseur, racloir, poignard, sagaie, flèche.*

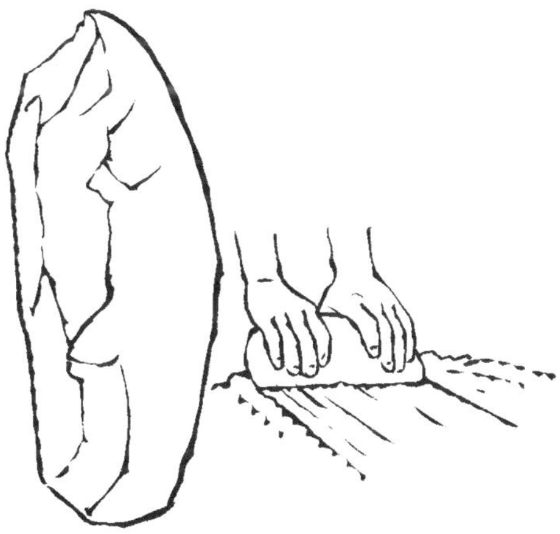

1. ....

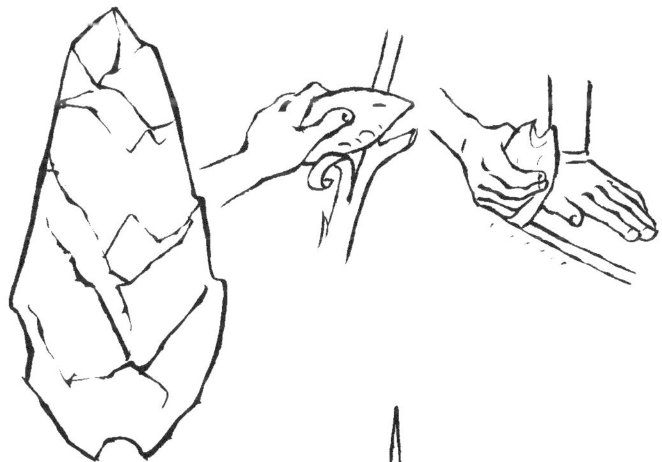

2. ....

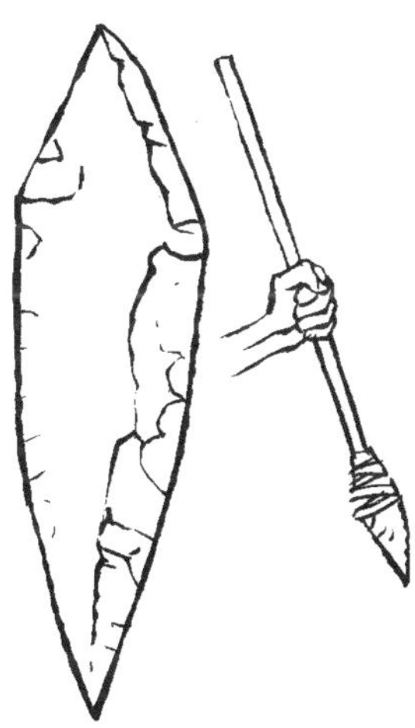

3. ....

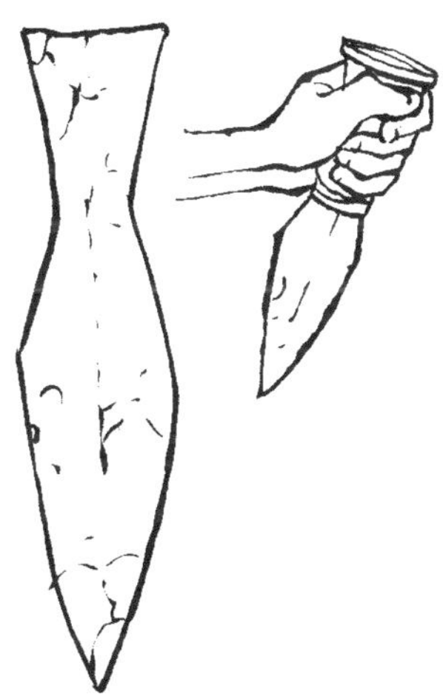

4. ....

5. ....

6. ....

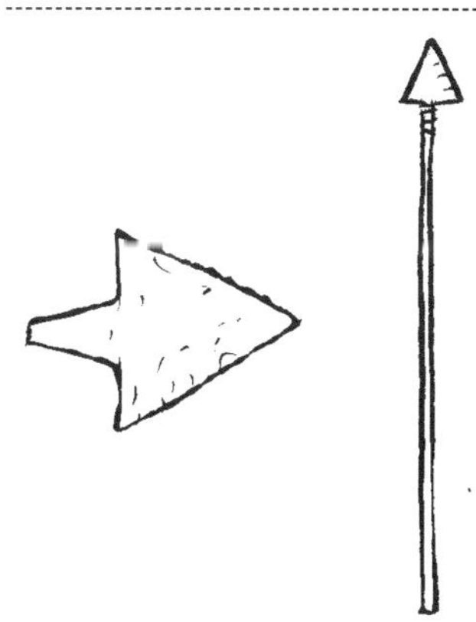

7. ....

LA CUEILLETTE, LA PÊCHE ET LA CHASSE

EXERCICE

CE2
CM1
CM2

Parmi ces aliments, souligne ceux que les hommes préhistoriques mangeaient.
Écris comment ils se les procuraient: par la chasse, la pêche ou la cueillette.

1. du lait: ....

2. des champignons: ....

3. de la viande: ....

4. des fruits: ....

5. du poisson: ....

6. des frites: ....

DES POPULATIONS NOMADES

EXERCICE

CE2

Relie chaque légende à la partie correspondante sur le dessin.

1. retour de chasse **2.** tente en peaux **3.** hutte en branchages

4. pêche à la sagaie **5.** maîtrise du feu **6.** découpage du gibier

EXERCICE

DES POPULATIONS NOMADES

CE2
CM1

Complète le texte en choisissant parmi les mots suivants :

tentes, peaux, huttes, nomades, abris sous roche, groupes, branchages, gibier.

1. Les hommes de la préhistoire vivaient en petits ....

2. Ils se déplaçaient sans cesse pour suivre le .... : ils étaient

....

3. Durant les nuits d'hiver, ils se réfugiaient dans des ....

4. Au printemps, ils suivaient les troupeaux dans d'autres régions et construisaient alors

des .... provisoires en ....

et des .... en ....

EXERCICE

DES POPULATIONS NOMADES

CE2
CM1

Dessine un campement préhistorique, avec des hommes, des femmes, des enfants, leurs habitations et leurs activités.

Les débuts de la pensée et de l'art

EXERCICE

LES PEINTURES RUPESTRES

CE2
CM1
CM2

Lis cette histoire puis réponds aux questions.

Le jeudi 12 septembre 1940, quatre adolescents, Marcel Ravidat, Jacques Marsal, Georges Agnel et Simon Coencas, se promenaient dans les bois. Tout à coup, le chien de Marcel Ravidat s'engouffra dans un trou laissé par un arbre déraciné. Marcel se glissa à la suite de l'animal pour le rattraper. Il descendit une pente abrupte puis avança dans le couloir de la grotte. Il n'avait qu'une petite lampe mais elle lui suffit pour découvrir, stupéfait, des dessins sur les parois. Les quatre amis allèrent prévenir leur instituteur qui fit appel à l'abbé Henri Breuil pour confirmer ce qu'ils pressentaient tous : il s'agissait de peintures datant de la préhistoire, dont une gigantesque fresque qui constitue l'un des plus beaux chefs-d'œuvre de l'art de la préhistoire.

1. Qui a découvert la grotte de Lascaux ?

....

....

....

2. À quel siècle a-t-elle été découverte ?

....

3. En quoi cette découverte est-elle merveilleuse ? ....

....

....

....

4. Donne un titre à ce texte : ....

....

EXERCICE

LES PEINTURES RUPESTRES

CE2
CM1

Relie, chaque fois que c'est possible, la légende à la partie correspondante sur cette peinture rupestre.

1. taureau

2. cheval

3. ours

4. cerf

5. bison

6. mammouth

LES PEINTURES RUPESTRES

CE2
CM1
CM2

Réponds aux questions en faisant une phrase à chaque fois.

1. Avec quoi les peuples préhistoriques fabriquaient-ils de la peinture ? ....

....

....

2. Comment s'éclairaient-ils dans les grottes ? ....

....

....

3. Comment faisaient-ils pour peindre en hauteur ? ....

....

....

4. Pourquoi n'écrivaient-ils pas à côté de leurs dessins ? ....

....

....

EXERCICE

LES PEINTURES RUPESTRES

CE2
CM1
CM2

Complète la carte des vestiges de peintures rupestres en France.

1. Écris au bon endroit le nom des grottes dans lesquelles on a retrouvé des peintures rupestres : *grotte Chauvet, grotte Cosquer, grotte de Lascaux, Pech Merle.*

2. Si tu connais une autre grotte avec des peintures rupestres, place-la sur la carte.

3. Complète la légende et donne un titre à la carte.

TITRE :

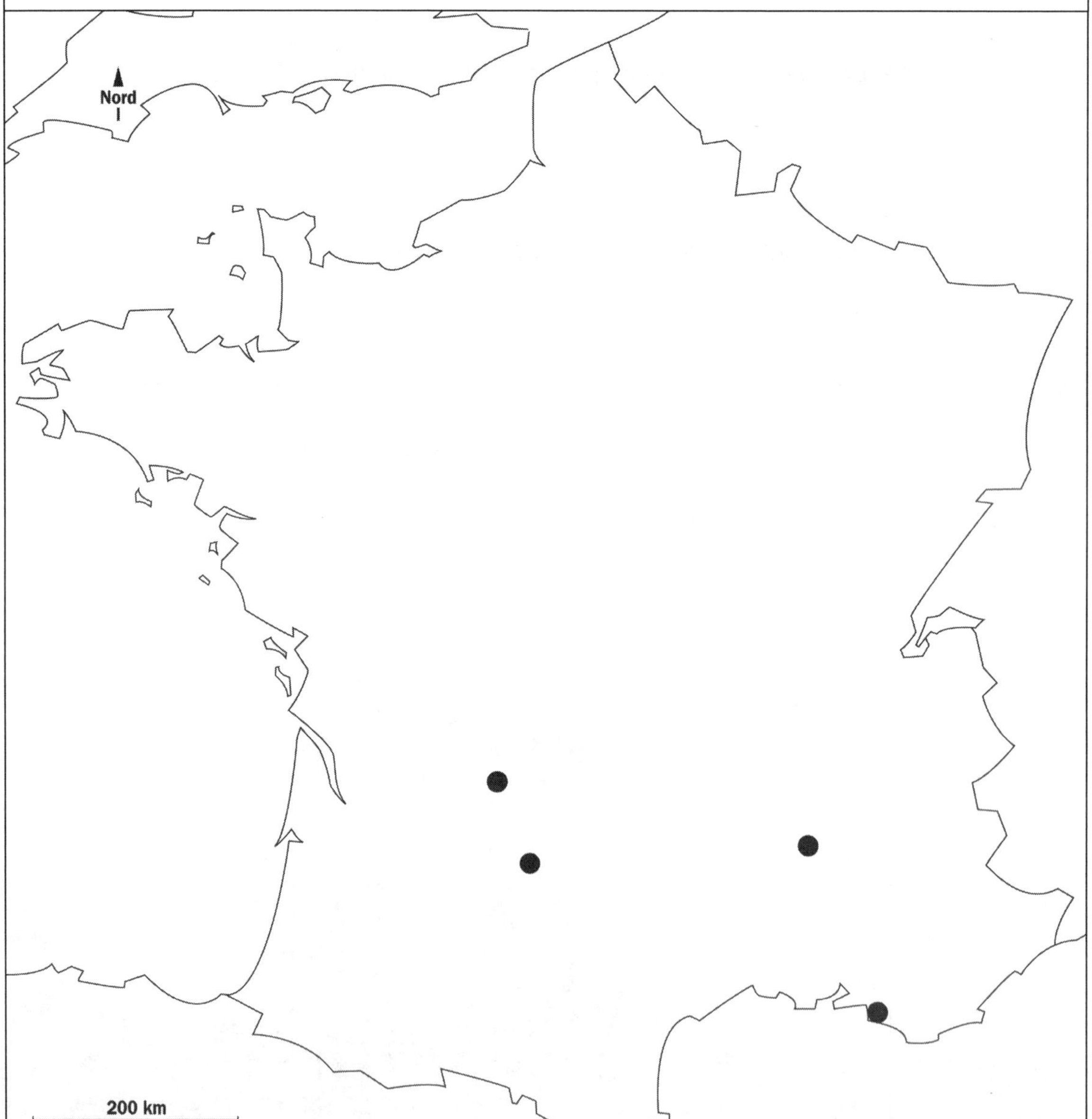

●

Les premiers habitants de la France

EXERCICE LES VESTIGES DE LA PRÉHISTOIRE EN FRANCE

CE2
CM1
CM2

Complète la frise chronologique, en plaçant les peuples préhistoriques ayant vécu en France :

– le peuple de Tautavel (vers –450 000),

– le peuple de Néandertal (vers –100 000),

*– les hommes de Cro-Magnon (*Homo sapiens sapiens*, vers –35 000).*

PLACEZ ICI LA FRISE CHRONOLOGIQUE SPIRALAIRE DE LA PAGE 18

EXERCICE LE PEUPLE DE TAUTAVEL

CE2
CM1
CM2

Relie chaque légende à la partie correspondante sur le dessin.

1. Ils s'abritaient dans un abri sous roche en hiver.

2. Ils chassaient les mouflons, les bisons et les cerfs.

3. Situés sur une hauteur, ils guettaient le gibier dans la vallée.

4. Ils faisaient du feu pour se chauffer et pour cuire la viande.

5. Ils s'habillaient de peaux de bête.

LES VESTIGES DE LA PRÉHISTOIRE EN FRANCE

EXERCICE

CE2
CM1
CM2

Complète la carte des vestiges de la préhistoire en France.

1. Sur la carte, colorie en rouge les vestiges de foyers, en bleu les vestiges d'outils, en jaune les ossements humains et en vert les vestiges d'art.

2. Écris au bon endroit le nom des sites suivants : *Pincevent, grotte Chauvet, Tautavel, grotte Cosquer, Terra Amata, Lascaux, Pech Merle.*

3. Si tu connais un autre site préhistorique, place-le et nomme-le.

4. Complète la légende et donne un titre à la carte.

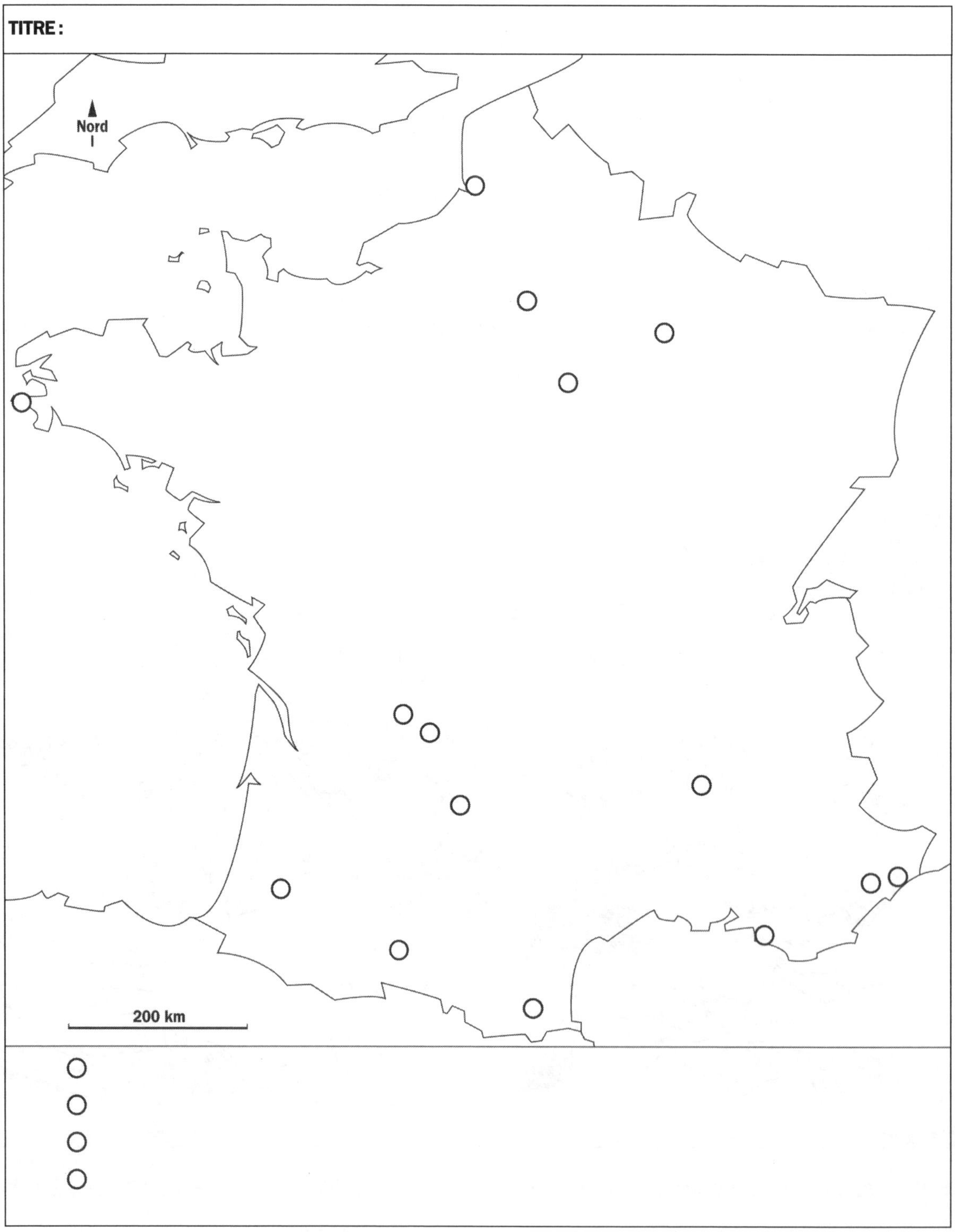

Les débuts de l'agriculture

EXERCICE

LES DÉBUTS DE L'ÉLEVAGE

CM1
CM2

Souligne le nom des animaux qui ont été domestiqués à la fin de la préhistoire et, pour chacun, écris une phrase pour dire ce que cela apportait aux êtres humains.

1. la volaille : ....

....

2. les mammouths : ....

....

3. les chiens : ....

....

4. les bœufs et les vaches : ....

....

5. les moutons et les chèvres : ....

....

EXERCICE

LES PREMIÈRES CULTURES

CE2
CM1
CM2

Écris le nom de chaque objet en choisissant parmi : *meule*, *hache*, *faucille*, puis explique à quoi chacun servait.

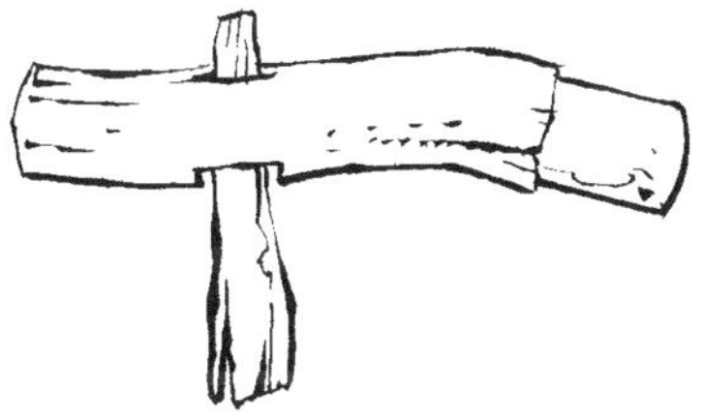

1. ....

....

....

....

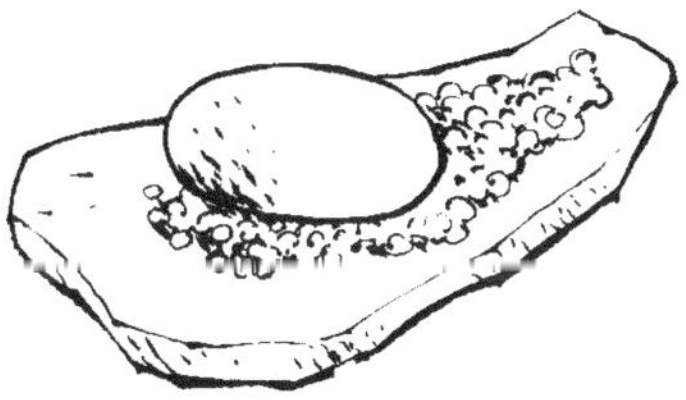

2. ....

....

....

3. ....

....

....

....

SÉQUENCE 8 La sédentarisation des peuples

EXERCICE

VOCABULAIRE

CE2
CM1
CM2

Donne la définition des mots suivants.

1. Nomade : ....

....

....

2. Sédentaire : ....

....

....

EXERCICE

NOMADES ET SÉDENTAIRES

CM1
CM2

Entoure en rouge les maisons des familles sédentaires et en bleu celle des familles nomades, et justifie ton choix.

1. ....

....

....

....

2. ....

....

....

....

3. ....

....

....

....

Trouve deux raisons pour lesquelles certains ont construit leur(s) maison(s) sur pilotis.

– ....

....

– ....

....

LES MÉGALITHES

CE2
CM1
CM2

Relie chaque mot à sa définition.

un mégalithe •	• un monument constitué d'une pierre dressée verticalement
un menhir •	• un monument constitué de grandes pierres
un dolmen •	• un monument qui est constitué de plusieurs pierres et qui a la forme d'une table

LES MÉGALITHES

CE2
CM1
CM2

Relie chaque nom au mégalithe correspondant.

dolmen *menhir* *cairn* *cromlech*

SÉQUENCE 9 Les débuts de l'artisanat

DE NOUVELLES TECHNIQUES

CE2
CM1
CM2

Écris la définition des mots suivants.

1. un artisan : ....

....

....

2. la céramique : ....

....

3. le tissage : ....

....

4. la vannerie : ....

....

EXERCICE

DE NOUVEAUX PRODUITS

CE2
CM1
CM2

Parmi les produits suivants, souligne ceux que les artisans de la fin de la préhistoire savaient fabriquer.

1. une couverture en laine
2. une bouteille en verre
3. un tapis en osier
4. un tissu en lin
5. une cuillère en inox
6. un panier d'osier
7. un plat en terre cuite
8. un tissu en polaire
9. un peigne à tisser en bois
10. un peigne à tisser en fer
11. un vase en plastique
12. un couteau en pierre polie

EXERCICE

DE NOUVELLES TECHNIQUES

CM1
CM2

Explique le travail de chacun de ces artisans (vannier, tisserand ou potier) de la fin de la préhistoire et quels matériaux ils utilisaient.

1. ....

....

....

....

....

....

2. ....

....

....

....

....

....

....

3. ....

....

....

....

....

....

DE NOUVELLES TECHNIQUES

CE2
CM1
CM2

En t'aidant des dessins, explique en quelques phrases les étapes de la fabrication d'une céramique à l'époque préhistorique.

LES PROGRÈS DE LA FIN DE LA PRÉHISTOIRE

CE2
CM1
CM2

Écris *vrai* ou *faux* après chacune des phrases suivantes.

1. Les premières maisons de sédentaires étaient en bois ou en pierre. ....

2. Les toits étaient faits de chaume ou de feuillage. ....

3. À la fin de la préhistoire, les peuples ne vivaient pas encore dans des villages.

....

4. La vie sédentaire était plus confortable que la vie nomade. ....

5. L'agriculture a permis aux peuples de se nourrir plus régulièrement. ....

6. L'élevage leur a permis de ne plus être végétariens. ....

7. Les artisans n'étaient pas spécialisés dans une activité. ....

EXERCICE

LES PROGRÈS DE LA FIN DE LA PRÉHISTOIRE

CE2
CM1
CM2

Trace une croix pour indiquer à quelle époque les hommes préhistoriques se sont sédentarisés et ont commencé à pratiquer l'agriculture et l'artisanat.

PLACEZ ICI LA FRISE CHRONOLOGIQUE SPIRALAIRE DE LA PAGE 18

EXERCICE

LES PROGRÈS DE LA FIN DE LA PRÉHISTOIRE

CE2
CM1
CM2

Relie chaque légende à une partie correspondante sur le dessin.

1. tissage **2.** maisons de sédentaires **3.** agriculture

4. vannerie **5.** élevage **6.** poterie

SÉQUENCE 10

Les débuts de la métallurgie

EXERCICE

DES OBJETS EN MÉTAL

CE2
CM1
CM2

Relie chaque mot au dessin correspondant puis applique les consignes.

hache *faucille* *lance* *poignard* *épingle à vêtement*

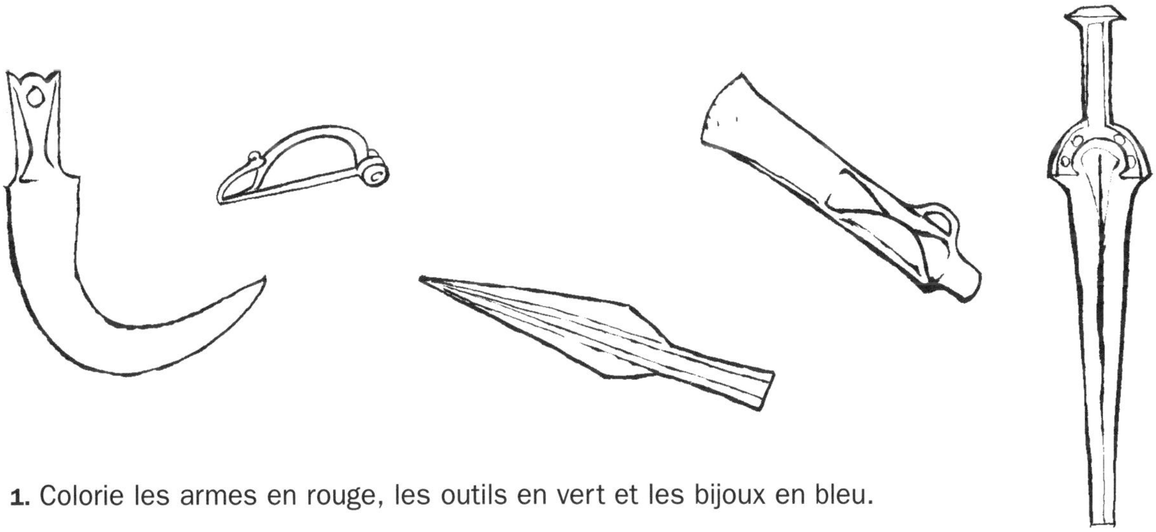

1. Colorie les armes en rouge, les outils en vert et les bijoux en bleu.

2. Cite deux avantages des outils en métal par rapport aux outils en pierre.

– ....

– ....

EXERCICE

LA MÉTALLURGIE

CE2
CM1

Regarde les dessins et complète le texte en choisissant parmi les mots suivants :

métal, cire, forgeron, terre, hache, moule.

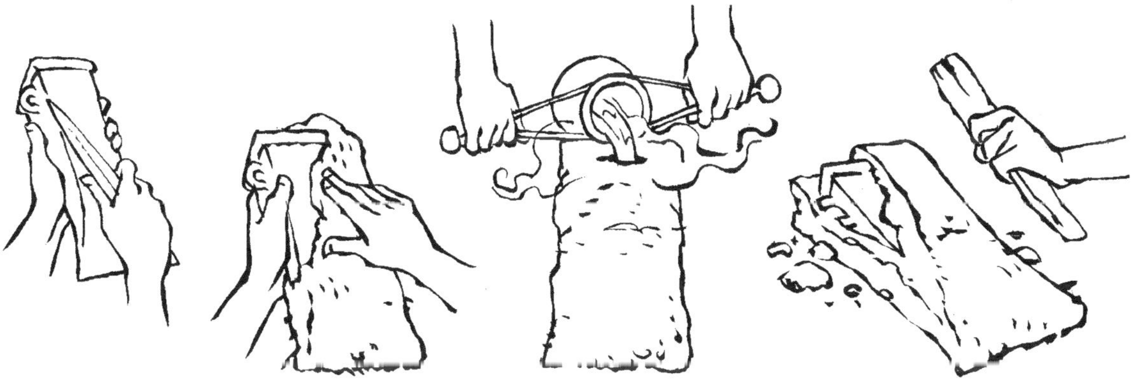

Pour fabriquer une hache en métal, le .... façonne d'abord un modèle dans de la cire puis l'enveloppe de .... Par un trou, il verse du .... liquide et brûlant, qui fait ressortir la .... Lorsque le métal est refroidi, il casse le .... et en sort la ....

2 L'Antiquité

SÉQUENCE 11 L'histoire et le travail de l'historien

EXERCICE VOCABULAIRE

CE2
CM1
CM2

Écris la définition des mots suivants.

1. la préhistoire : ....

....

....

2. l'histoire : ....

....

....

3. un historien : ....

....

....

EXERCICE LA PRÉHISTOIRE ET L'HISTOIRE

CE2
CM1
CM2

Réponds aux questions en faisant une phrase à chaque fois.

1. Quelle invention marque la fin de la préhistoire et le début de l'histoire ?

....

....

2. En quoi cette invention facilite-t-elle le travail des historiens ?

....

....

3. Trouve une information que l'on ne peut pas connaître à propos de la préhistoire mais que l'on connaît à partir de l'époque historique, grâce de l'écriture ?

....

....

....

EXERCICE — LES SOURCES DE L'HISTOIRE

CE2
CM1
CM2

Réponds aux questions.

1. Qu'appelle-t-on les sources de l'histoire ? ....

....

....

....

2. Quels sont les trois types de sources historiques (pour chacune, donne un exemple) :

– ...., par exemple : ....

– ...., par exemple : ....

– ...., par exemple : ....

EXERCICE — LES SOURCES DE L'HISTOIRE

CE2
CM1
CM2

Souligne les sources historiques selon leur type : en rouge les vestiges, en bleu les sources écrites et en vert les sources orales.
Attention, ne souligne pas les éléments qui ne sont pas des sources de l'histoire.

1. les ruines d'un château fort
2. un tableau de Léonard de Vinci
3. ton manuel d'histoire
4. un journal du XIXe siècle
5. une flèche préhistorique
6. le journal de demain
7. une lettre vieille de 1 000 ans
8. une émission de radio sur les chevaliers
9. une légende racontée par ma grand-mère
10. le portrait d'époque d'un roi de France
11. une lettre vieille de trois ans
12. le témoignage à la radio d'une personne âgée

EXERCICE — LA PRÉHISTOIRE ET L'HISTOIRE

CE2
CM1

Parmi ces sources, barre celles qui ne peuvent pas dater de la préhistoire.

1. une hache en pierre polie
2. un texte de loi
3. une meule en pierre
4. une houe en métal
5. un livre
6. un panier d'osier
7. un plat en terre cuite
8. un tissu en lin
9. un peigne à tisser en bois
10. un journal
11. un plan
12. une photographie

LES SOURCES DE L'HISTOIRE

CE2
CM1
CM2

Réponds aux questions concernant cette pièce de monnaie romaine vieille de 2100 ans.

1. De quel type de source s'agit-il :
vestige, source orale ou source écrite?

2. Quelle information cette pièce nous fournit-elle à propos des bateaux à l'époque des Romains ?

CE2
CM1
CM2

Réponds aux questions concernant ce théâtre, construit en France il y a 2000 ans.

3. De quel type de source s'agit-il :
vestige, source orale ou source écrite?

4. Quelle information ce théâtre nous fournit-il sur la vie à cette époque ?

CE2
CM1
CM2

Réponds aux questions concernant ce texte.

5. De quel type de source s'agit-il :
vestige, source orale ou source écrite?

6. Souligne l'information essentielle fournie par ce texte à propos des Gaulois du Ier siècle av. J.-C.

Les Gaulois ne supportent pas de voir leurs enfants en public tant qu'ils ne sont pas en âge de porter les armes. C'est un déshonneur pour un fils, tant qu'il est enfant, de se présenter dans un lieu public devant son père.

D'après Jules César, 52 av. J.-C.

SÉQUENCE 12 L'invention de l'écriture

EXERCICE L'INVENTION DE L'ÉCRITURE, DE L'ALPHABET ET DU PAPIER

CE2
CM1
CM2

Complète la carte.

1. Indique les sociétés qui ont inventé une écriture avant notre ère en écrivant en rouge **MO** pour *Moyen-Orient*, **I** pour *Inde*, C pour *Chine* et **E** pour *Égypte*.

2. Indique la région d'où vient notre alphabet en écrivant en bleu P pour *Phénicie*.

3. Indique par un point vert la région dans laquelle le papier a été inventé.

4. Complète la légende et donne un titre à la carte.

TITRE :

Société ayant inventé une écriture avant notre ère : Moyen-Orient, Chine, Inde, Égypte

Société ayant inventé l'alphabet : Phénicie

Région dans laquelle a été inventé le papier : ....

EXERCICE L'INVENTION DE L'ÉCRITURE, LA PRÉHISTOIRE ET L'HISTOIRE

CE2
CM1
CM2

Complète la frise chronologique.

1. Écris **E** pour situer l'invention de l'écriture et **A** pour situer l'invention de l'alphabet.

2. Colorie en jaune la période appelée préhistoire et en violet celle appelée histoire.

PLACEZ ICI LA FRISE CHRONOLOGIQUE SPIRALAIRE DE LA PAGE 18

La naissance des États

EXERCICE

DES PREMIÈRES VILLES AUX PREMIERS ÉTATS

CE2
CM1

Remets les dessins dans l'ordre chronologique en les numérotant.

....	....	....
les premières huttes	les premiers États	les premiers villages

EXERCICE

LES PREMIÈRES VILLES

CM1
CM2

Nomme deux différences entre un village de la préhistoire et une ville de l'Antiquité.

1. ....

....

2. ....

....

EXERCICE

LES PREMIERS ÉTATS

CE2
CM1
CM2

Relie chacun à sa fonction.

un roi, un prince •	• protéger le pays contre les invasions
des soldats •	• faire appliquer les décisions de l'État
des fonctionnaires •	• diriger l'État

SÉQUENCE 14

La « naissance » de la Gaule

EXERCICE

LE PEUPLEMENT DE LA GAULE

CE2
CM1
CM2

Complète la carte de la Gaule.

1. Trace une flèche bleue pour indiquer d'où les Celtes sont arrivés pour peupler la Gaule.

2. Trace une flèche rouge pour indiquer d'où les Grecs sont arrivés pour peupler la Gaule.

3. Nomme le port que les Grecs ont fondé au sud de la Gaule.

4. Situe quelques oppidums gaulois : *Vix, Alésia, Bibracte, Gergovie.*

5. Complète la légende et donne un titre à la carte.

TITRE :

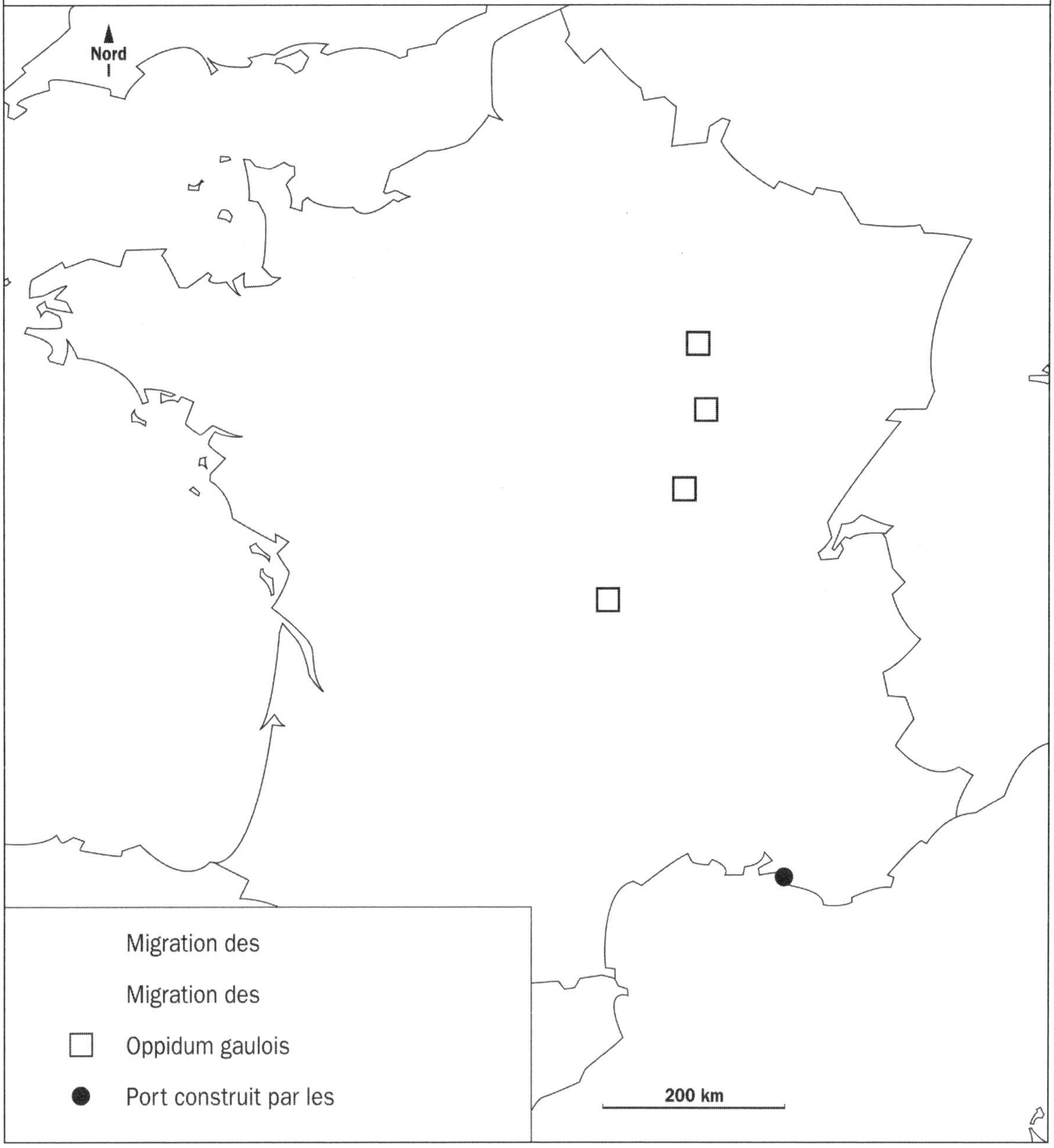

LE PEUPLEMENT DE LA GAULE

CE2
CM1
CM2

Complète la frise chronologique.

1. Mets un point bleu pour indiquer à partir de quand des Celtes sont arrivés en Gaule.

2. Mets un point rouge pour indiquer à partir de quand des Grecs sont arrivés en Gaule.

3. Établis une légende pour expliquer les signes utilisés.

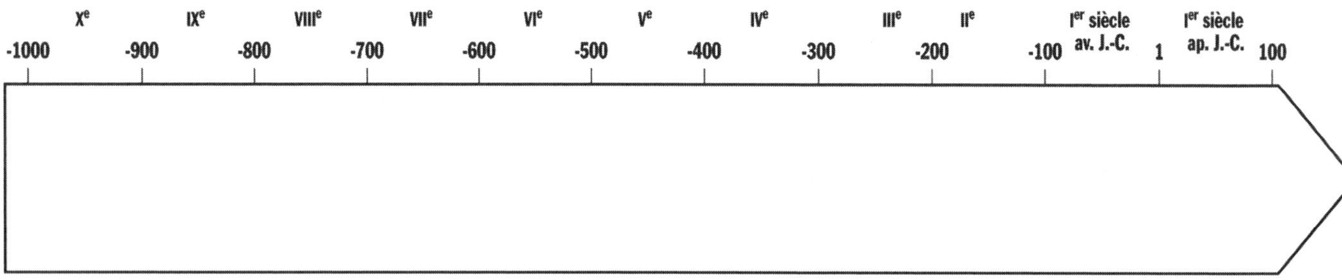

LE PEUPLEMENT DE LA GAULE : LES GRECS

CE2
CM1
CM2

Lis le texte.

1. Souligne les changements que les Grecs ont apportés :
– en vert ceux dans le domaine de l'agriculture,
– en bleu ceux qui concernent les villes
– en rouge ceux qui concernent la manière de vivre.

2. Que signifie la dernière phrase ?

Sous l'influence des Grecs, les Celtes ont adouci leurs façons de vivre. Ils ont appris à cultiver la vigne, à greffer les oliviers et à entourer leurs villes de remparts. Ils ont également appris à respecter la loi, pas seulement la force des armes.

D'après Justin, IIe siècle

UNITÉ ET DIVERSITÉ DES GAULOIS

CE2
CM1
CM2

Souligne en bleu les phrases qui indiquent l'unité des Gaulois et en rouge celles qui indiquent les différences et les divisions entre eux.

1. Les Gaulois étaient divisés en tribus indépendantes.

2. Les Gaulois parlaient la langue des Celtes.

3. Les Gaulois avaient le même mode de vie et les mêmes coutumes.

4. Les Gaulois s'alliaient parfois contre un ennemi commun.

5. Les Gaulois s'affrontaient parfois dans des guerres violentes.

SÉQUENCE 15 Les Gaulois

EXERCICE — LES TROIS CATÉGORIES DANS LA SOCIÉTÉ GAULOISE

CE2
CM1
CM2

Retrouve le nom de chacune des trois catégories dans la société gauloise :
les druides, les gens du peuple, les guerriers.

1. Les .... vivaient simplement et payaient de lourds impôts.

2. Les .... défendaient la tribu ; c'est parmi eux que les chefs étaient choisis.

3. Les .... étaient des prêtres puissants et respectés.

EXERCICE — LE PEUPLE GAULOIS

CE2
CM1
CM2

Lis le texte et applique les consignes.

1. Souligne en vert les passages qui montrent que les gens du peuple étaient pauvres.

2. Souligne en rouge les passages qui montrent qu'ils ne participaient pas à la vie politique.

3. Souligne en bleu les deux passages qui montrent qu'ils étaient maltraités.

4. Explique ce qu'est un esclave : ....

....

....

....

> Les gens du peuple sont traités comme des esclaves. Ils ne peuvent prendre aucune initiative puisqu'ils n'ont le droit de donner leur avis sur rien. Beaucoup, écrasés de dettes et d'impôts, se mettent au service des gens riches, qui ont alors tous les droits sur eux.
>
> **D'après Jules César, Ier siècle av. J.-C.**

EXERCICE — LES DRUIDES

CM1
CM2

Lis le texte et applique les consignes.

1. Souligne en bleu le passage sur le rôle religieux des druides.

2. Souligne en vert le passage sur leur rôle judiciaire.

3. Souligne en violet le passage sur leur rôle éducatif.

4. Souligne en orange les deux privilèges qu'ont les druides.

> Les druides s'occupent des affaires religieuses. Ils instruisent les jeunes. Si un meurtre est commis, s'il y a une dispute au sujet d'un héritage ou d'un terrain, ils jugent et fixent les amendes. Ils ne vont pas à la guerre et ne paient pas d'impôts.
>
> **D'après Jules César, Ier siècle av. J.-C.**

EXERCICE — LES GUERRIERS GAULOIS

CE2
CM1

Relie chaque terme à ce qu'il désigne sur le dessin de ce soldat gaulois :

torque

casque

lance

bouclier

épée

braies

SÉQUENCE 16 La conquête de la Gaule par les Romains

EXERCICE — ROME ET SON ARMÉE

CE2
CM1

Relie chaque terme à ce qu'il désigne sur le dessin de ce soldat romain :

casque

cuirasse

lance

bouclier

épée courte

EXERCICE

ROME ET SES TERRITOIRES

CE2
CM1
CM2

Complète la carte de Rome et ses territoires.

1. Colorie en jaune les régions contrôlées par les Romains au début de notre ère.

2. Écris au bon endroit : *Égypte, Grèce, Gaule, Méditerranée, Rome.*

3. Complète la légende et donne un titre à la carte.

TITRE :

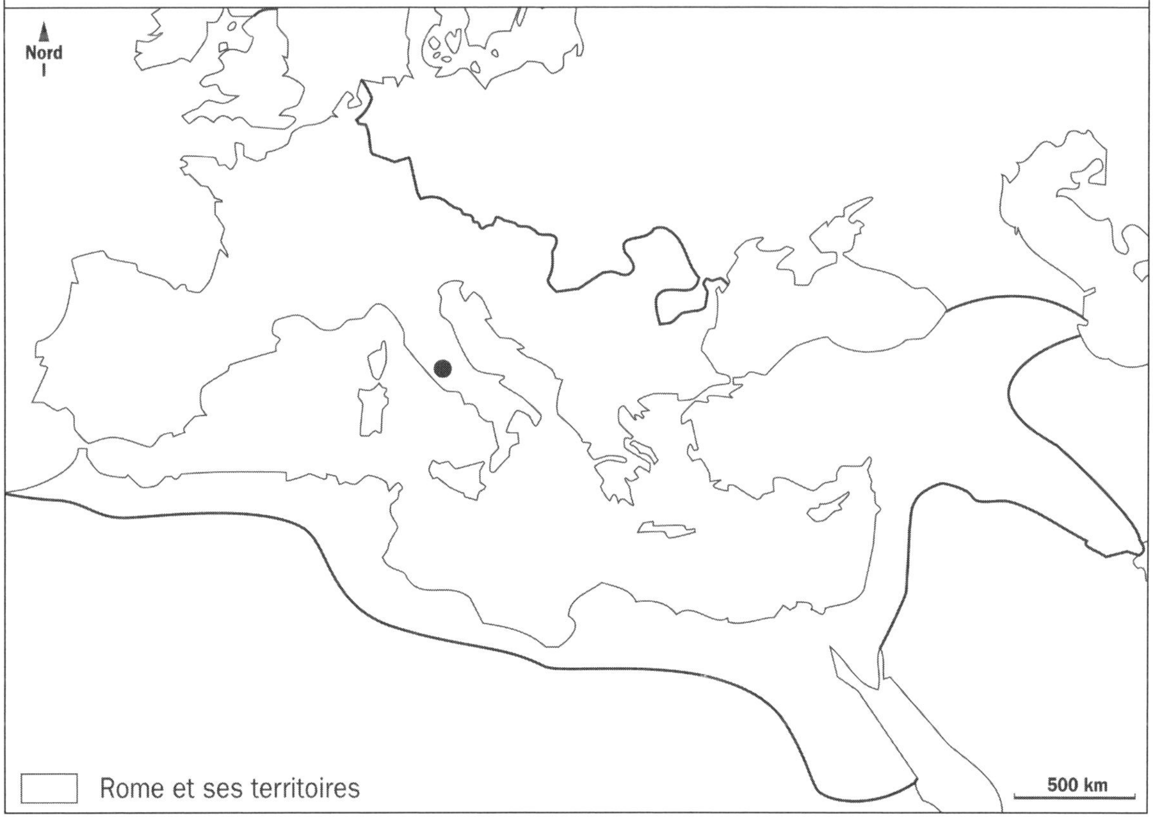

EXERCICE

LES GAULOIS CONTRE LES ROMAINS

CE2
CM1
CM2

Complète la frise chronologique.

1. Mets un point pour situer la bataille d'Alésia dans le temps et écris son nom et sa date.

2. Colorie en vert la période de la Gaule libre (avant la défaite gauloise) et en jaune celle de la Gaule conquise (après la défaite), et écris le nom de chaque période

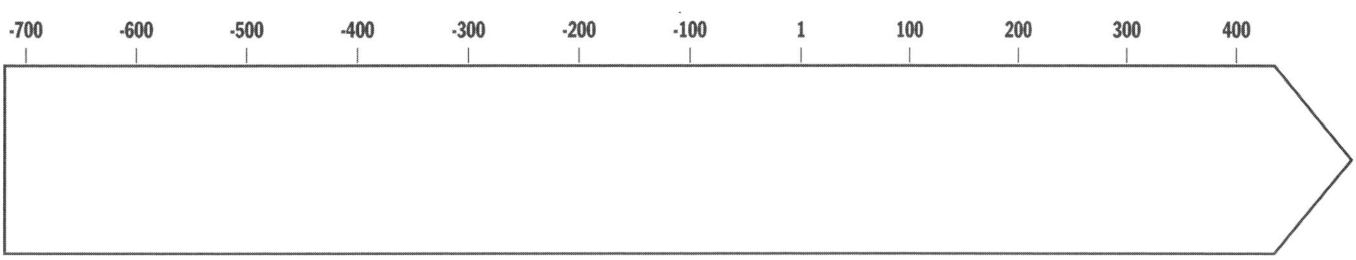

EXERCICE

LES GAULOIS CONTRE LES ROMAINS

CM1
CM2

Lis le texte et complète le fléchage de la reconstitution d'Alésia en recopiant les passages soulignés.

L'armée de Vercingétorix attira les Romains en se réfugiant dans l'oppidum d'Alésia, au sommet de la colline. Jules César assiégea les Gaulois en installant ses troupes autour de l'oppidum. Il fit construire deux palissades :
– une palissade intérieure pour empêcher Vercingétorix et les Gaulois de sortir de l'oppidum,
– une palissade extérieure pour se protéger des Gaulois venus au secours des assiégés.
Le camp romain était installé entre les deux palissades, lesquelles étaient surmontées de tours et protégées par des fossés remplis d'eau et des pieux enfoncés dans le sol, pointe vers le haut. Les Gaulois ne parvinrent pas à vaincre les Romains et Vercingétorix dut se rendre.

1. ....
2. ....
3. ....
4. ....

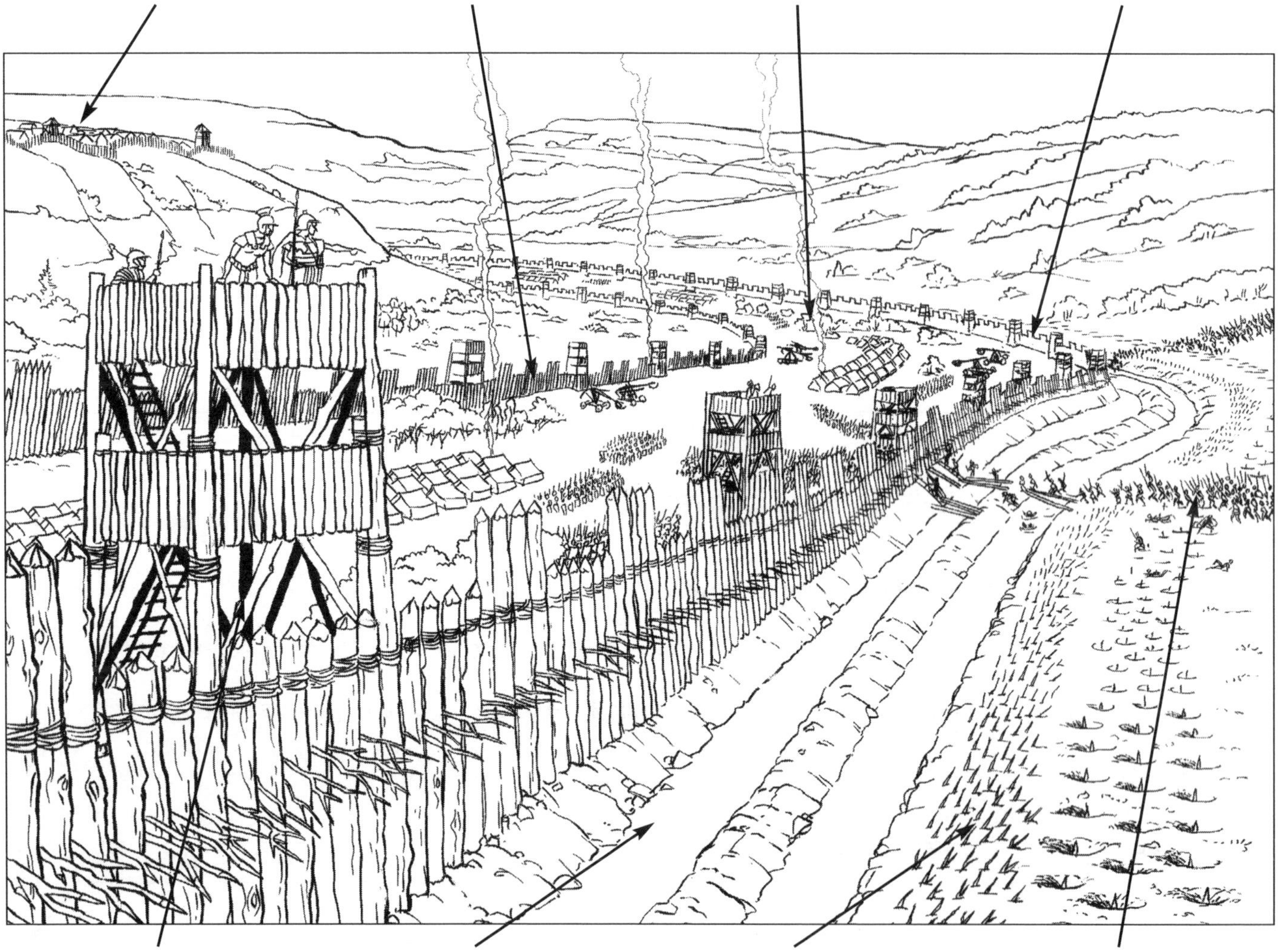

5. ....
6. ....
7. ....
8. ....

La Gaule romaine

EXERCICE — LA GAULE, PROVINCE ROMAINE

CE2
CM1
CM2

Complète la carte de la Gaule romaine.

1. Colorie en jaune les régions dominées par les Romains.

2. Repasse en rouge les limites de la Gaule.

3. Place le nom des provinces romaines et celui de la capitale des Gaules :
Belgique, Lyonnaise, Aquitaine, Narbonnaise, Lyon.

4. Complète la légende et donne un titre à la carte.

TITRE :

LÉGENDE

☐ Rome et ses territoires

Province de la Gaule romaine

Capitale de la Gaule romaine

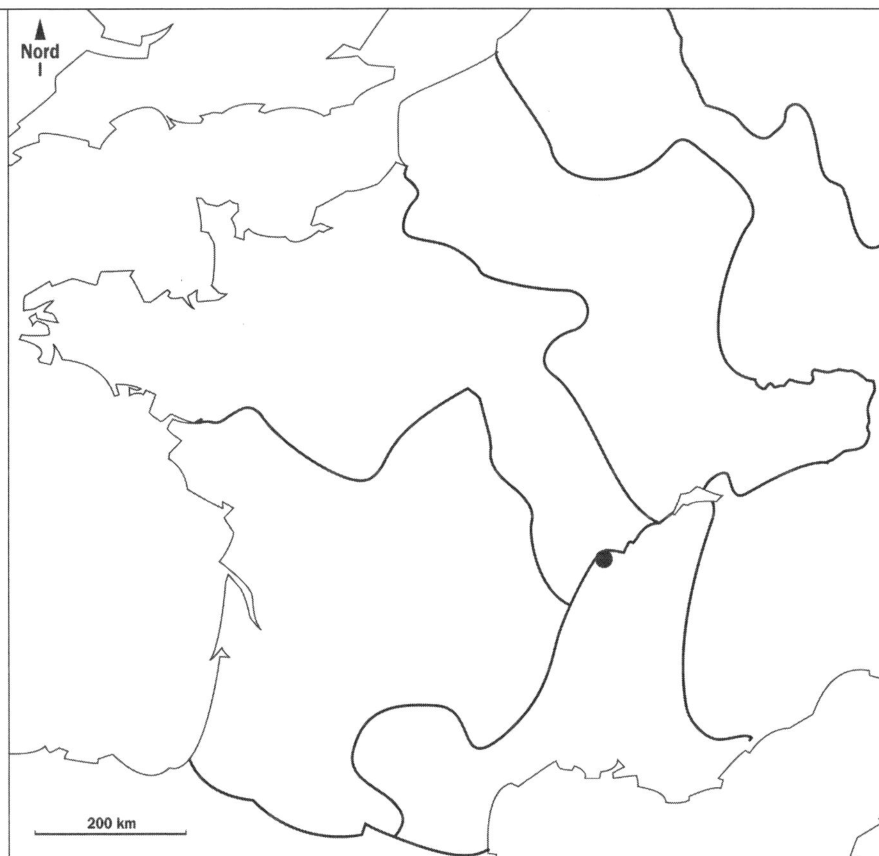

EXERCICE — LA GAULE, PROVINCE ROMAINE

CM1
CM2

Donne deux raisons pour lesquelles les Romains ont construit des routes en Gaule après la conquête :

1. une raison militaire : ....
....

2. une raison commerciale : ....
....

EXERCICE

LES CITOYENS GALLO-ROMAINS

CE2
CM1
CM2

Lis le texte et réponds aux questions en faisant une phrase à chaque fois.

> On appellera les citoyens de la ville à voter et à exprimer leur vote par tablette. On placera près de la corbeille de vote trois citoyens romains qui ne sont pas de la ville, donc qui ne votent pas, et qui surveilleront le vote et dépouilleront le suffrage. Chacun d'eux prêtera serment de compter les votes honnêtement.
>
> **D'après une loi gallo-romaine, Ier siècle av. J.-C.**

1. Quel droit des citoyens est reconnu dans ce texte ?

....

....

....

2. Quels habitants de la ville n'ont pas le droit de voter ?

....

....

....

....

3. Souligne dans le texte les précautions qui sont prises pour assurer le bon déroulement des élections.

4. Pourquoi ces précautions sont-elles nécessaires ?

....

....

....

....

SÉQUENCE 18

La romanisation de la Gaule

EXERCICE

LES CAMPAGNES GALLO-ROMAINES

CE2
CM1
CM2

Parmi les phrases suivantes, souligne celles qui décrivent un changement apporté par la romanisation des campagnes.

1. Les Gaulois cultivaient de petits lopins de terre.

2. De riches propriétaires ont construit de grandes fermes : les « villas ».

3. Les Gaulois cultivaient des céréales (blé et orge) et la vigne.

4. Les Gaulois élevaient des chevaux et des porcs.

5. Grâce aux routes, l'huile d'olive, le blé et le vin étaient transportés et vendus à Rome.

6. Les agriculteurs payaient de lourds impôts.

EXERCICE

LES VILLES GALLO-ROMAINES

CM1
CM2

Relie chaque nom au monument gallo-romain qui le représente :

aqueduc *théâtre* *temple* *arc de triomphe* *arènes*

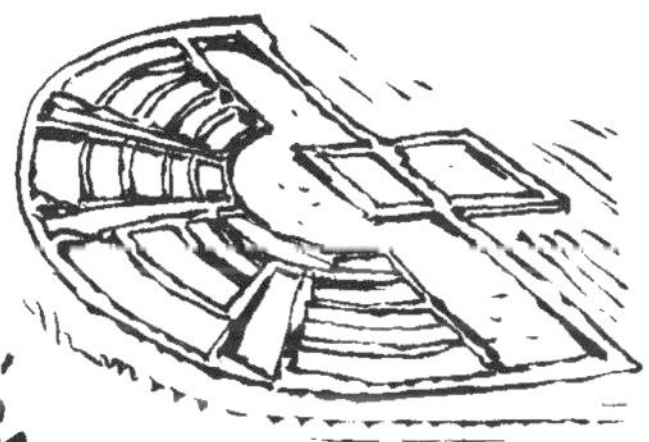

EXERCICE

LA VIE QUOTIDIENNE DANS LES VILLES GALLO-ROMAINES

CE2
CM1
CM2

Lis le texte et réponds aux questions en faisant une phrase à chaque fois.

On se donnait rendez-vous aux thermes l'après-midi. Après un jeu de balle ou une séance de lutte, on passait dans des salles où l'on pouvait être massé, huilé et frotté de sable par des esclaves et l'on prenait des bains à températures variées. Mais c'était aussi un lieu dans lequel on se promenait, on lisait, on discutait.

Thermes de Caracalla, IIIe siècle ap. J.-C.

1. Quelles activités sportives les Gallo-Romains pratiquaient-ils aux thermes ?

2. Quelles autres occupations pratiquaient-ils aux thermes ?

3. Quels habitants de la Gaule ne menaient pas une vie aussi agréable ?

SÉQUENCE 19

Les artisans gaulois et gallo-romains

EXERCICE

VOCABULAIRE

CE2
CM1
CM2

Explique avec tes propres mots ce qu'est :

1. un artisan : ....

....

....

2. un forgeron : ....

....

....

3. une céramique : ....

....

....

EXERCICE

LES ARTISANS

CE2
CM1
CM2

Parmi les objets suivants, souligne ceux que les artisans gaulois fabriquaient.

1. des épées en métal

2. des bijoux en or

3. des récipients en verre

4. des récipients en plastique

5. des chaussures à semelle de bois

6. des tonneaux

7. des couverts

8. des bicyclettes

9. des objets en céramique

10. des boucliers en bois et en métal

EXERCICE

DES ARTISANS INVENTIFS

CE2
CM1
CM2

Souligne les objets inventés par les Gaulois.

1. le savon

2. le fusil

3. le tonneau

4. la hache en pierre

5. le papier

6. le fer à cheval

7. le panier en osier

8. le vase en céramique

9. la moissonneuse

10. le matelas

SÉQUENCE 20 **La religion des Gaulois**

EXERCICE

LES DRUIDES

CM1
CM2

Lis le texte et réponds aux questions en faisant une phrase à chaque fois.

Les druides n'ont rien de plus sacré que le gui. Quand une touffe de gui apparaît sur un chêne, c'est un signe que l'arbre est habité par un dieu. La coupe du gui se fait d'une façon très minutieuse, le sixième jour de la lune. Le druide est vêtu de blanc, sa faucille est en or. Après avoir coupé le gui, il organise un repas sacré sous l'arbre. On sacrifie deux taureaux blancs.

D'après Pline l'Ancien, Ier siècle

1. Sur quel arbre le gui sacré poussait-il ?

---

2. À quel moment coupait-on le gui ?

---

3. Qui le coupait ?

---

4. Comment le druide était-il habillé ?

---

5. Avec quel instrument coupait-il le gui ?

---

6. À quelle occasion, de nos jours, utilise-t-on encore le gui ?

SÉQUENCE 21 Les débuts du christianisme

EXERCICE VOCABULAIRE

CM1
CM2

Donne la définition des mots suivants.

1. monothéiste : ....

....

2. polythéiste : ....

....

EXERCICE LA VIE DE JÉSUS

CE2
CM1
CM2

Indique par une croix les phrases qui sont justes.

- ☐ **1.** Jésus de Nazareth était polythéiste.
- ☐ **2.** Il vivait en Palestine, un pays alors dominé par les Gallo-Romains.
- ☐ **3.** Jésus est né en l'an 0.
- ☐ **4.** On fête la naissance de Jésus le jour de Noël.
- ☐ **5.** Jésus prônait un mode de vie fondé sur la fraternité.
- ☐ **6.** Jésus a été condamné à mort et pendu.
- ☐ **7.** Les historiens affirment que Jésus est ressuscité.
- ☐ **8.** Après sa mort, les proches de Jésus ont diffusé son message.

EXERCICE L'ESSOR DU CHRISTIANISME

CE2
CM1
CM2

Complète la frise chronologique.

1. Indique la naissance de Jésus de Nazareth par un point.

2. Colorie en jaune la période depuis cette date et écris : christianisme.

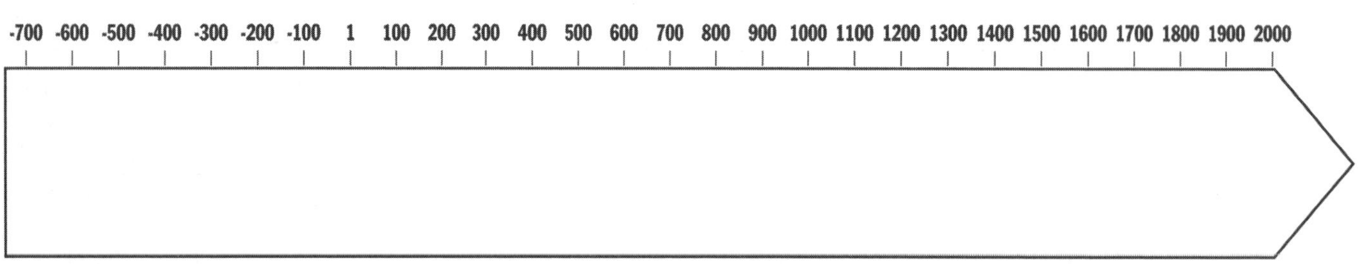

LES DÉBUTS DU CHRISTIANISME

CE2
CM1
CM2

Complète la carte des débuts du christianisme.

1. Colorie en jaune les territoires dominés par Rome.

2. Situe la Palestine par un point rouge et écris son nom.

3. Complète la légende et donne un titre à la carte.

TITRE :

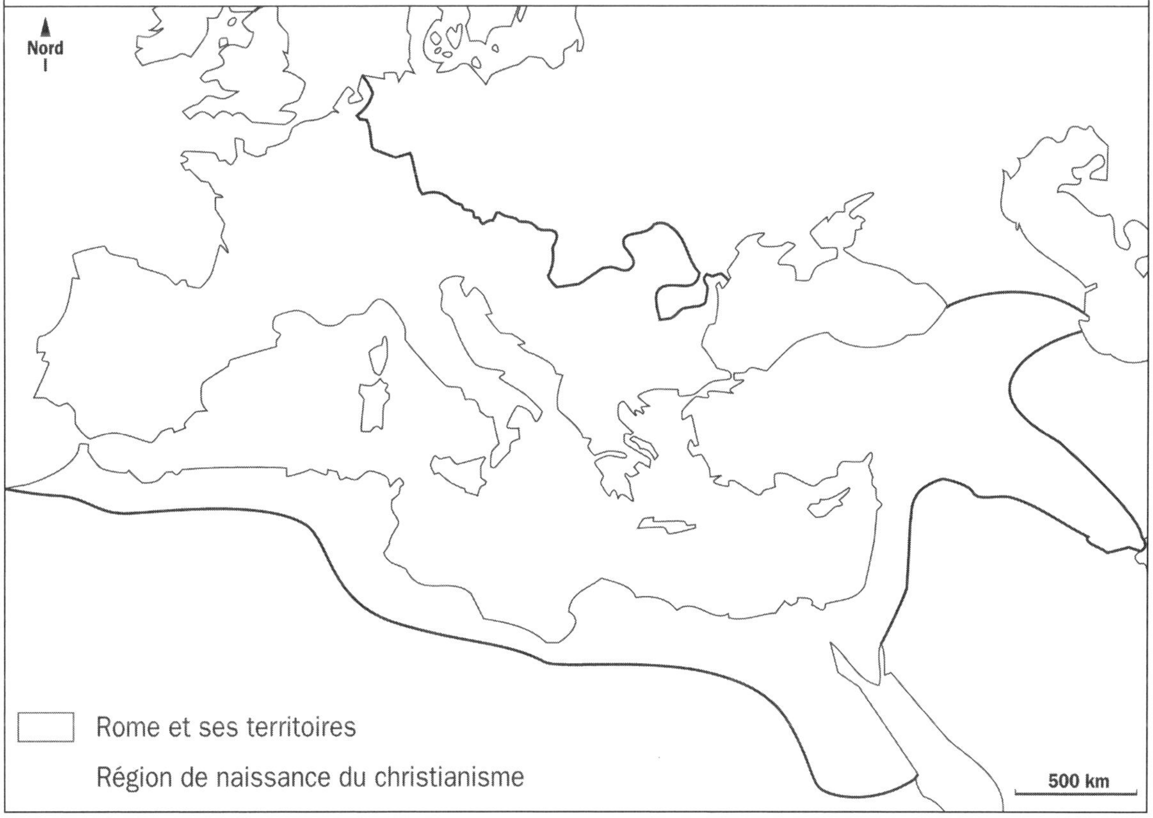

SÉQUENCE 22 La christianisation de la Gaule

VOCABULAIRE

CE2
CM1
CM2

Trouve le mot correspondant à chaque définition :

1. la religion de ceux qui croient en Jésus de Nazareth et en son message :

....

2. une personne qui adhère à la religion fondée sur l'enseignement de Jésus :

....

3. adopter une religion : ....

4. les actions entreprises pour maltraiter sans relâche ceux qui voulaient suivre l'enseignement de Jésus : ....

EXERCICE — LA CHRISTIANISATION DE LA GAULE

CE2
CM1
CM2

Complète la frise chronologique.

1. Indique la naissance de Jésus de Nazareth par un point rouge.

2. Colorie en rouge le IIe et le IIIe siècle, au cours desquels les peuples de la Gaule se sont convertis au christianisme.

3. Trace un trait pour indiquer la période d'interdiction du christianisme et des persécutions dans les territoires dominés par Rome : de la fin du Ier siècle au IVe siècle.

4. Établis une légende pour expliquer les signes utilisés sur la frise chronologique.

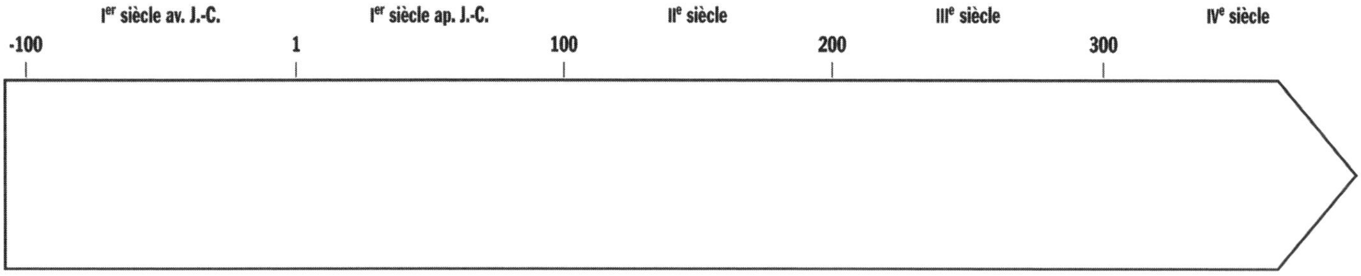

EXERCICE — LA CHRISTIANISATION DE LA GAULE

CM1
CM2

Fais des recherches et explique le rôle joué par ces saints chrétiens dans la christianisation de la Gaule.

1. Saint Martin : ....

2. Sainte Blandine : ....

EXERCICE

LES FÊTES CHRÉTIENNES

CM1
CM2

Fais des recherches et complète le tableau.

	Que fêtent les chrétiens ce jour-là ?	À quel moment de l'année cette fête a-t-elle lieu ?
Noël	....	....
Pâques	....	....
Ascension	....	....
Pentecôte	....	....
Toussaint	....	....

3 Le Moyen Âge

SÉQUENCE 23 Les grandes migrations et les royaumes « barbares »

EXERCICE LES GRANDES MIGRATIONS

CM1
CM2

Complète la carte des grandes migrations.

1. Colorie en jaune les territoires dominés par les Romains.
2. Place au bon endroit les noms suivants : *Rome, Gaule, mer Méditerranée.*
3. Repasse en bleu les migrations des peuples barbares entrés en Gaule.
4. Repasse en rouge les migrations des Huns.
5. Établis une légende et donne un titre à la carte.

TITRE :

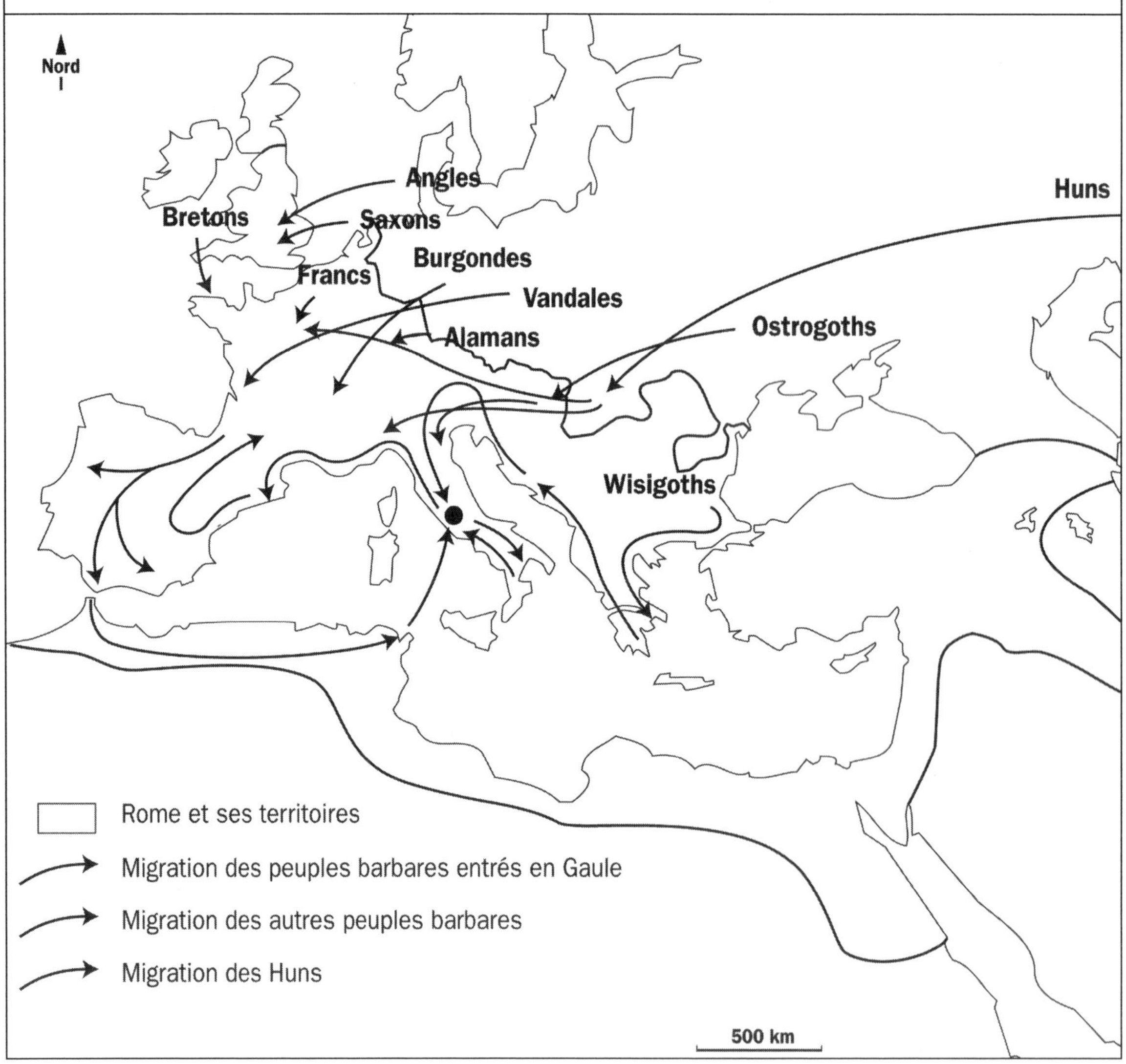

EXERCICE

LES GRANDES MIGRATIONS

CE2
CM1
CM2

Complète la frise chronologique des grandes migrations.

1. Colorie en jaune l'Antiquité jusqu'aux grandes migrations (jusqu'à la fin du IVe siècle).

2. Colorie en bleu la période des grandes migrations, à la fin du IVe siècle et au Ve siècle.

3. Écris au bon endroit : *Antiquité, Moyen Âge*.

4. Établis une légende pour expliquer les couleurs utilisées sur la frise chronologique.

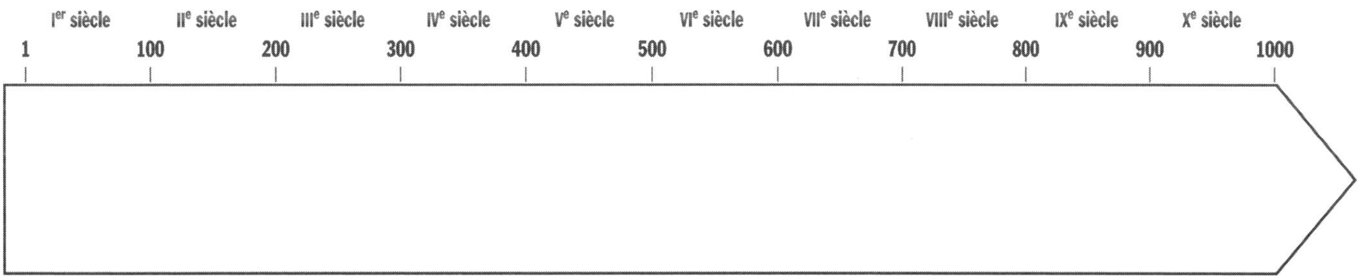

EXERCICE

L'INVASION DES HUNS

CE2
CM1
CM2

Lis le texte et applique les consignes.

1. Souligne en vert le passage qui montre la peur des Parisiens.

2. Souligne en rouge le passage qui montre le danger que représentent les Huns, dirigés par Attila.

3. Souligne en bleu le passage qui montre l'importance de la religion.

> La rumeur publique fit courir le bruit qu'Attila, au comble de sa férocité, aurait décidé de ravager et de soumettre la Gaule. Terrorisés, les habitants de Paris décidèrent de quitter la ville en emportant leurs biens, et de se mettre à l'abri dans d'autres villes. Mais Geneviève appela les femmes et leur demanda de jeûner et de prier, pour demander à Dieu que la ville soit épargnée. Celles-ci suivirent ses conseils et restèrent durant plusieurs jours dans une église pour y prier et y jeûner.
>
> **D'après *Monumenta Germaniae Historica*.**

CE2
CM1
CM2

Fais des recherches et réponds aux questions.

4. Quel est l'ancien nom de Paris ?

....

5. De quelle année date l'événement raconté dans ce récit ?

....

6. Pourquoi sainte Geneviève (422-512) est-elle devenue la patronne de Paris ?

....

....

....

....

SÉQUENCE 24 Clovis et les Mérovingiens 481-751

EXERCICE LES GUERRIERS FRANCS

CE2
CM1
CM2

Relie chaque terme à ce qu'il désigne sur le dessin de ce guerrier franc :

bouclier

francisque

poignard

épée

EXERCICE LE BAPTÊME DE CLOVIS

CE2
CM1
CM2

Relie le nom de chaque personne à sa représentation sur le dessin.

Clovis Clotilde Saint Rémi

Explique le rôle joué par Clotilde, la femme de Clovis, dans la conversion des Francs.

....

....

....

....

....

....

....

....

....

....

CLOVIS ET LE ROYAUME FRANC

CE2
CM1
CM2

Complète la frise chronologique des grandes migrations.

1. Colorie en bleu la période du royaume des Francs, à partir de 481 et écris le nom de cette période.

2. Indique le règne de Clovis en écrivant son nom et les dates correspondantes.

3. Indique par un point rouge le baptême de Clovis en 496.

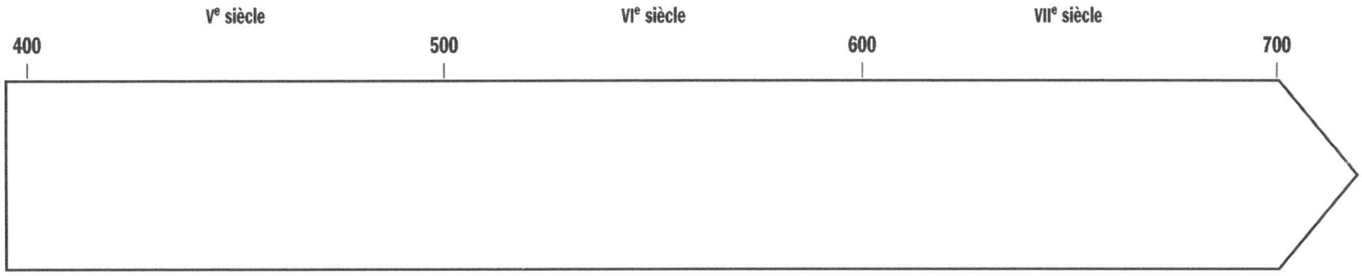

LE ROYAUME FRANC

CE2
CM1
CM2

Complète la carte.

1. Colorie le Royaume franc au début du règne de Clovis en bleu foncé et les territoires conquis par Clovis en bleu clair.

2. Complète la légende et donne un titre à la carte.

TITRE :

LÉGENDE

☐ Royaume franc au début du règne de Clovis (481)

☐ Royaume franc à la fin du règne de Clovis (511)

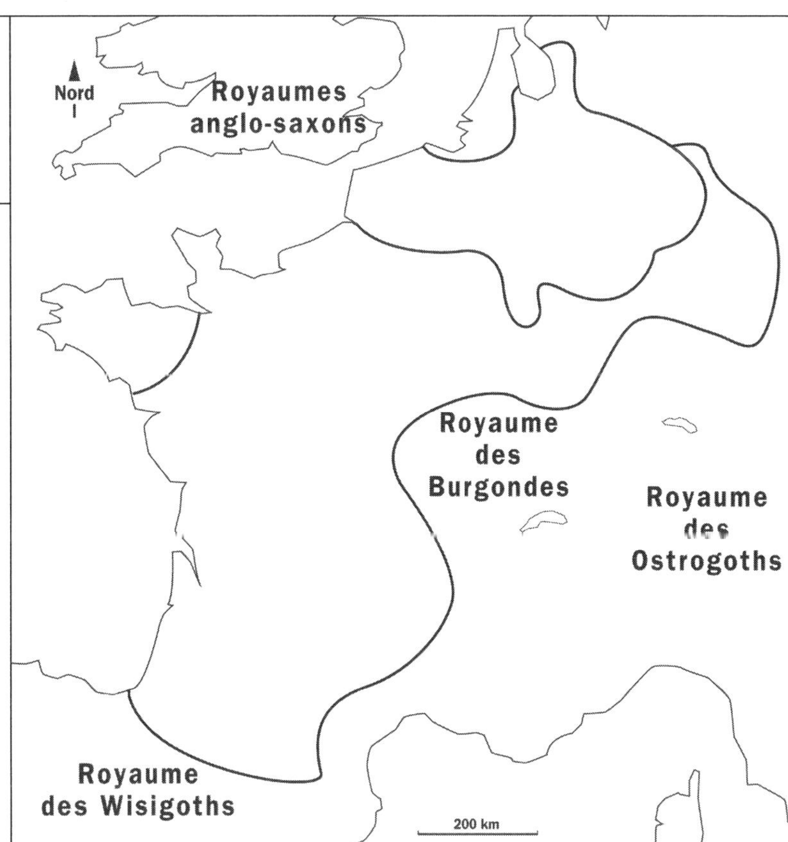

EXERCICE

LES MÉROVINGIENS

CE2
CM1
CM2

Complète la frise chronologique des Mérovingiens.

1. Colorie en bleu la période du règne des Mérovingiens, de 481 à 751.

2. Écris *Mérovingiens* au bon endroit et indique les dates de leur règne.

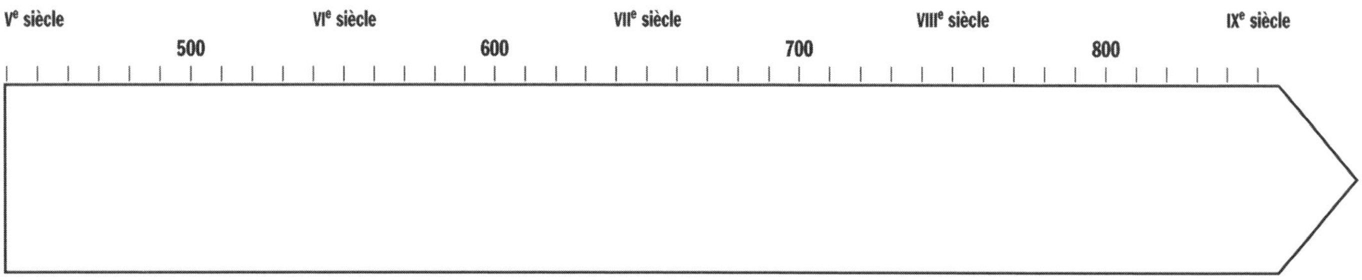

EXERCICE

LES MÉROVINGIENS

CE2
CM1
CM2

Réponds aux questions en faisant une phrase à chaque fois.

1. Qui appelle-t-on les Mérovingiens ?

2. Quelles sont les dates de leur règne ?

3. D'où leur nom vient-il ?

4. Pourquoi a-t-on appelé les derniers Mérovingiens les « rois fainéants » ?

SÉQUENCE 25 Charlemagne et les Carolingiens 751-841

EXERCICE — PÉPIN LE BREF, CHARLEMAGNE ET LES CAROLINGIENS

CM1
CM2

Complète l'arbre généalogique des Carolingiens en écrivant au bon endroit :

Lothaire, Charlemagne, Louis, Pépin le Bref, Charles

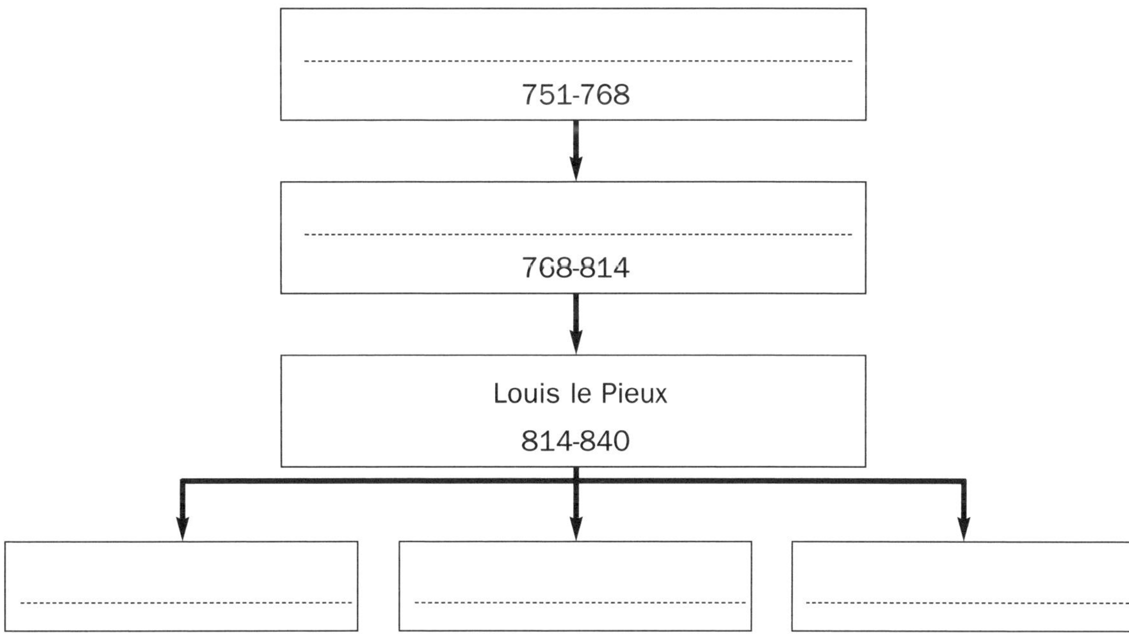

EXERCICE — CHARLEMAGNE ET LES CAROLINGIENS

CE2
CM1
CM2

Complète la frise chronologique de Charlemagne et des Carolingiens.

1. Colorie en bleu la période des Mérovingiens et en rose celle des Carolingiens, écris leur nom et indique les dates de leur règne.

2. Indique le règne de Charlemagne en écrivant son nom et les dates de son règne.

3. Indique par un point rouge le sacre de Charlemagne empereur.

4. Établis une légende si nécessaire.

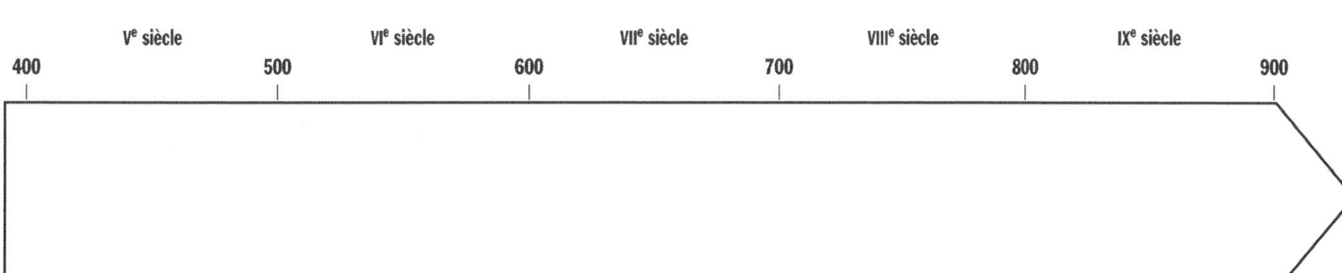

EXERCICE

L'EMPIRE CAROLINGIEN

CE2
CM1
CM2

Complète la carte.

1. Colorie l'empire de Charlemagne en rose et souligne en rouge le nom de sa capitale.

2. Écris le nom des trois royaumes constitués lors du traité de Verdun en 843 :
Francie occidentale, Francie orientale, Lotharingie.

3. Complète la légende et donne un titre à la carte.

TITRE :

Empire de Charlemagne à sa mort (814)

Partage par le traité de Verdun (843)

EXERCICE L'ORGANISATION DE L'EMPIRE CAROLINGIEN

CE2
CM1
CM2

Rends à chacun sa fonction : *missi dominici* ou *comte.*

1. Il reçoit le commandement d'une région en échange de sa fidélité à l'empereur : ....

2. Il se déplace pour transmettre les ordres de Charlemagne et veiller au respect de son autorité : ....

EXERCICE ROLAND À RONCEVEAUX

CM1
CM2

Lis le texte et réponds aux questions.

La bataille est générale. Le comte de Roland ne se ménage pas. Il tire Durendal, sa bonne épée, et frappe. Olivier chevauche à ses côtés, malgré sa lance brisée. Les uns attaquent, les autres se défendent. Celui qui ne s'enfuit pas y laisse la vie. Roland voit le massacre des siens et dit : « Je vais sonner l'olifant, Charles l'entendra et les Francs viendront nous aider. » Il sonne d'une puissante haleine. On en entend l'écho à trente lieues. Le roi Charles dit : « Nos hommes bataillent. » Mais Ganelon répond : « Il n'y a aucune bataille ! Roland sonne le cor toute la journée ! Pourquoi vous arrêtez-vous ? »
Roland est blessé. Il sonne l'olifant avec peine. Le roi prête l'oreille et dit : « Roland sonne encore. » Le duc Naimes répond : « Il livre bataille. Celui qui vous invite à ne pas y aller est un traître. Armez-vous Sire, jetez votre cri de guerre ! Vous entendez bien que Roland se désespère. » L'empereur fait sonner ses cors. Les Francs s'arment et piquent leurs éperons. Mais ils ont trop tardé. Roland est couché sous un pin. Son temps est fini.

D'après la Chanson de Roland, XIe siècle.

1. Qui est le roi évoqué dans ce texte ?

....

2. Cherche dans un dictionnaire et explique ce qu'est un olifant : ....

....

....

3. Relie chacun à son nom :

le héros •	• Durendal
son compagnon •	• Ganelon
le traître •	• Olivier
le roi •	• Roland
l'épée •	• Charles

4. Explique la dernière phrase du texte.

....

....

....

....

SÉQUENCE 26

La société au Moyen Âge

EXERCICE — LES TROIS ORDRES

CE2
CM1
CM2

Place chacun dans l'ordre de la société qui convient :

moine, artisan, chevalier, paysan, seigneur, prêtre, marchand

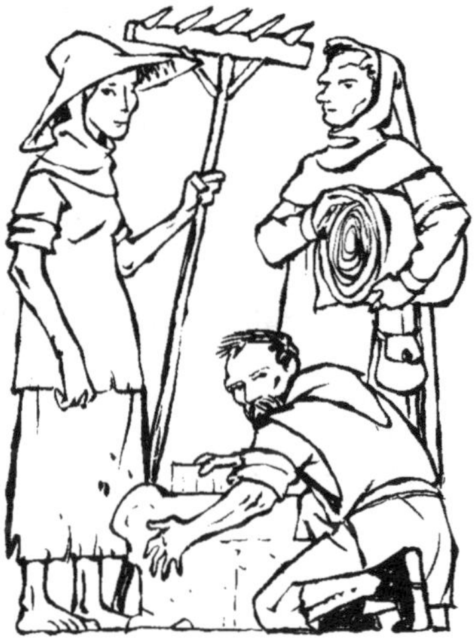

ceux qui travaillent :	ceux qui prient :	ceux qui combattent :
–	–	– ....
–	–	– ....
–		

EXERCICE — LES FEMMES AU MOYEN ÂGE

CM1
CM2

Souligne les phrases qui décrivent la réalité concernant les femmes au Moyen Âge.

1. Les femmes avaient le droit de choisir librement leur mari.

2. Les religieuses étaient des femmes qui avaient librement choisi de vivre dans un couvent.

3. Les femmes du Moyen Âge pouvaient librement choisir un métier.

4. Les femmes de paysans, d'artisans et de commerçants devaient aider leur mari dans leur métier.

5. Les femmes du Moyen Âge s'occupaient seules des enfants, sans l'aide des hommes.

6. Les hommes et les femmes partageaient les tâches ménagères (ménage, cuisine…).

7. Les femmes étaient considérées comme les égales des hommes.

8. Les femmes de seigneurs s'occupaient de tout pendant que leur mari était à la guerre.

SÉQUENCE 27 # Les paysans au Moyen Âge

EXERCICE

DE LOURDES CHARGES

CM1
CM2

Relie chacune de ces charges à sa définition.

la dîme •	• une somme à verser pour utiliser le moulin, le four ou le pressoir
la redevance •	• un impôt en argent à verser à l'Église
la corvée •	• des jours de travail à effectuer sur les terres du seigneur
les taxes •	• une somme d'argent ou une partie de la récolte en échange d'une terre à cultiver

EXERCICE

LA VIE DES PAYSANS

CE2
CM1
CM2

Relie chaque légende à la partie correspondante sur le dessin.

Entoure les éléments pour lesquels les paysans payent une redevance au seigneur.

1. le château **2.** l'église **3.** le moulin

4. le forgeron **5.** le pressoir **6.** le puits **7.** le four

EXERCICE

LES TRAVAUX AGRICOLES

CE2
CM1
CM2

Complète les phrases en retrouvant le mois de chaque activité.

janvier

février

mars

avril

mai

juin

juillet

août

septembre

octobre

novembre

décembre

1. En ...., le paysan taille la vigne.

2. En ...., le paysan sème pour l'an prochain.

3. En ...., le paysan et la paysanne moissonnent.

4. En ...., la paysanne file la laine.

5. En ...., le paysan et la paysanne battent le blé.

6. En ...., le paysan laboure le sol.

7. En ...., le paysan et la paysanne vendangent.

8. En ...., le paysan et la paysanne tondent les moutons.

9. En ...., le paysan nettoie les fossés du château.

10. En ...., le paysan fauche l'herbe.

11. En ...., le paysan tue le cochon.

12. En ...., le paysan met du fumier dans les champs.

SÉQUENCE 28

Les seigneurs et leurs châteaux

EXERCICE

LA FÉODALITÉ

CM1
CM2

Complète ce schéma représentant la féodalité, avec les mots suivants :

vassaux, suzerain, domaine, hommage, comte, seigneur, fidélité

1. Le ....

est le .... :

il confie un ....

à chaque ....

qui devient son vassal.

2. Les ....

lui rendent ....

et prêtent serment de

....

à leur suzerain.

EXERCICE

LA FÉODALITÉ

CE2
CM1
CM2

Lis le texte et applique les consignes.

1. Souligne en rouge les paroles que prononce le seigneur.

2. Entoure les passages qui montrent le rôle de la religion dans cette cérémonie.

3. Quels sont les trois gestes faits par le seigneur pendant cette cérémonie ? (fais une phrase à chaque fois)

– ....

....

– ....

....

– ....

....

Le comte demanda au seigneur s'il voulait devenir son vassal. Celui-ci répondit : « Je le veux. » Ses mains étant jointes dans celles du comte, ils s'allièrent par un baiser. Puis le seigneur dit : « Je promets en ma foi d'être fidèle à partir de cet instant au comte Guillaume et de lui garder contre tous et entièrement mon hommage, de bonne foi et sans tromperie. » Il jura cela sur la relique des saints. Ensuite, le comte en fit son vassal.

D'après Galbert de Bruges, XIIe siècle

EXERCICE — LES CHÂTEAUX FORTS

CE2
CM1
CM2

Place les mots suivants sur le dessin (aide-toi d'un dictionnaire):

meurtrière, créneau, donjon, pont-levis, rempart, tour, fossé, chemin de ronde.

1. .... **2.** .... **3.** .... **4.** ....

5. .... **6.** .... **7.** .... **8.** ....

EXERCICE — LES CHÂTEAUX FORTS

CE2
CM1
CM2

Explique en une phrase en quoi ces éléments permettent la défense du château fort.

1. le fossé : ....

....

2. le pont-levis : ....

....

3. les créneaux et les meurtrières : ....

....

EXERCICE — LE POUVOIR DES SEIGNEURS

CE2
CM1
CM2

Souligne en bleu les droits du seigneur et en rouge ses devoirs envers les paysans.

1. Le seigneur confie une terre à cultiver à chaque paysan habitant sur ses terres.

2. Le seigneur rend la justice comme il l'entend.

3. Le seigneur protège les paysans en cas de guerre.

4. Le seigneur a toute autorité sur les habitants de son domaine.

5. Les paysans payent des impôts et des taxes au seigneur.

6. En cas d'attaque, le seigneur doit ouvrir son château aux habitants de son domaine.

7. Les paysans doivent faire la corvée sur les terres du seigneur.

SÉQUENCE 29 Les chevaliers

EXERCICE — L'ÉQUIPEMENT DU CHEVALIER

CE2
CM1
CM2

Relie chaque mot à l'élément correspondant sur le dessin de ce chevalier.

heaume (casque)	épée	armure en métal	écu (bouclier)	éperon

EXERCICE — LA CHEVALERIE

CE2
CM1
CM2

Explique avec tes propres mots ce qu'est:

1. un chevalier: ....

....

....

2. un écuyer: ....

....

....

3. un tournoi: ....

....

....

4. un adoubement: ....

....

....

EXERCICE — LES RÈGLES DE LA CHEVALERIE

CE2
CM1
CM2

Lis le texte et applique les consignes.

1. Entoure en vert les adjectifs qui qualifient les chevaliers.

2. Souligne en rouge les interdictions qui leur sont faites.

3. Souligne en bleu les personnes et les organismes qu'ils ont le devoir de protéger.

4. Explique la phrase: « La honte est pire que la mort. »

....

....

....

....

5. Trouve un mot de 6 lettres de la même famille que « chevalier » ? ....

Pour défendre les faibles, assurer la paix et la justice, on choisit les plus grands, les plus forts, les plus beaux, les plus agiles, les plus honnêtes, les plus courageux. Être chevalier reste un lourd devoir. Les chevaliers doivent être bons, ne jamais commettre de traîtrise, ils doivent être généreux avec les pauvres, tuer les voleurs et les meurtriers, rendre des jugements justes, sans amour et sans haine. Ils ne doivent pas craindre la mort. Ils ne doivent accomplir aucun acte honteux, car la honte est pire que la mort. Leur principal devoir est de protéger la Sainte Église, car celle-ci n'a pas le droit de prendre une revanche par les armes. À l'origine, personne n'avait l'audace de monter à cheval sans être chevalier, ce qui explique le nom qui leur fut donné.

D'après un manuscrit anonyme, XIIIe siècle.

SÉQUENCE 30

L'influence de l'Église au Moyen Âge

EXERCICE

L'IMPORTANCE DE LA RELIGION

CE2
CM1
CM2

Relie chaque situation à l'action de l'Église qui correspond.

désignation d'un nouveau roi •	• Les moines enseignent dans les écoles.
guerres et combats •	• Le sacre est fait par un évêque.
accueil des mendiants •	• Le baptême est fait par un prêtre.
naissance d'un enfant •	• Un prêtre bénit le nouveau chevalier.
adoubement d'un écuyer •	• Un prêtre entend le serment de fidélité.
hommage d'un vassal •	• L'Église impose la trêve de Dieu.
éducation des enfants •	• Les religieuses tiennent les hospices.

EXERCICE

LA PLACE DE L'ÉGLISE

CM1
CM2

Écris une phrase pour dire ce que l'Église faisait pour aider ces personnes :

1. les pauvres et les mendiants : ....

....

....

2. les malades : ....

....

....

3. les voyageurs : ....

....

....

....

....

4. les enfants : ....

....

....

....

....

....

LES MEMBRES DU CLERGÉ

CE2
CM1
CM2

Écris son nom sous chaque personnage : *religieuse, abbé, prêtre, moine, évêque.*

1. .... **2.** .... **3.** .... **4.** .... **5.** ....

SÉQUENCE 31 Les églises et les cathédrales

LES CATHÉDRALES GOTHIQUES

CE2
CM1
CM2

Complète la carte des cathédrales.

1. Écris le nom des villes dans lesquelles il y a des cathédrales du Moyen Âge : *Amiens, Beauvais, Bourges, Chartres, Paris, Reims, Rouen, Saint-Denis, Strasbourg.*

2. Complète la légende et donne un titre à la carte.

TITRE :

LÉGENDE

●

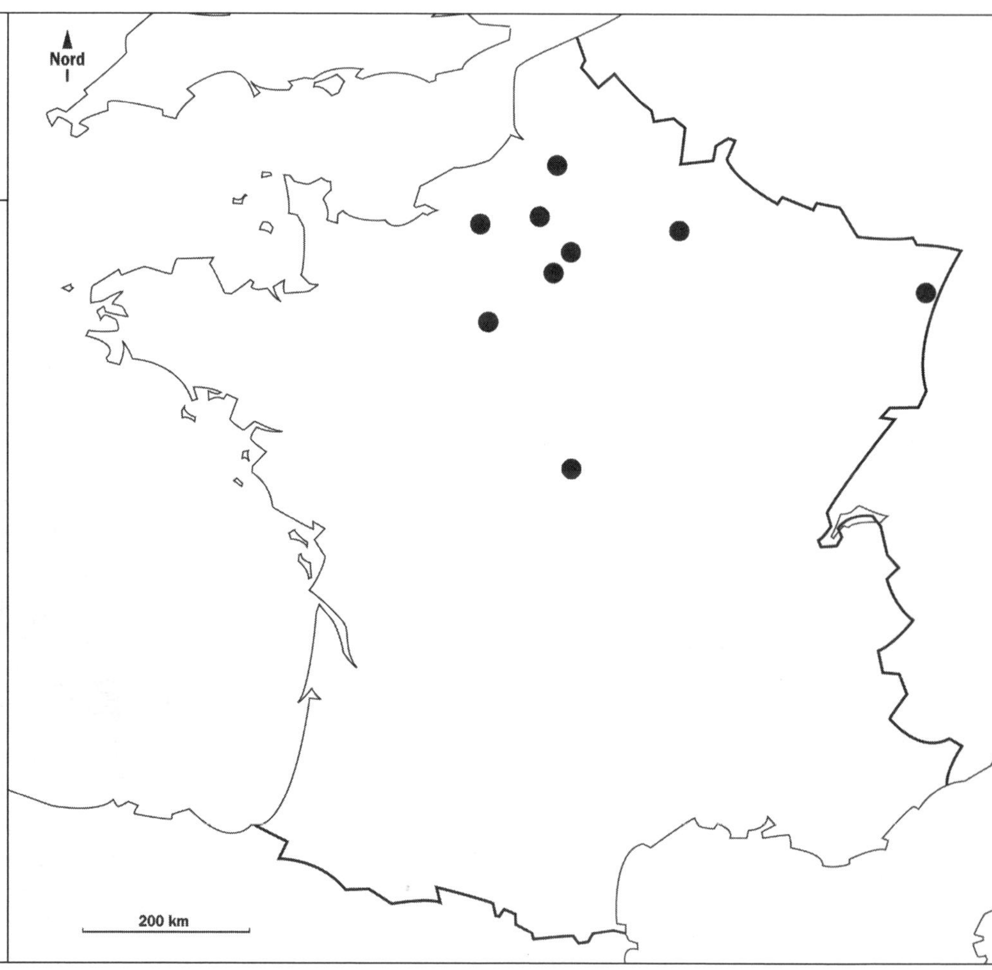

EXERCICE

L'ART ROMAN ET L'ART GOTHIQUE

CM1 **Écris sous chaque dessin s'il s'agit d'un bâtiment *roman* ou *gothique.***

1. .... **2.** .... **3.** .... **4.** ....

EXERCICE

LE TEMPS DES CATHÉDRALES

CM1
CM2 **Relie chaque mot à l'élément correspondant sur le dessin de la cathédrale de Paris.**

1. un arc-boutant **2.** une rosace **3.** la flèche

4. un contrefort **5.** une tour **6.** un tympan

SÉQUENCE 32
Les abbayes et les monastères

EXERCICE

VOCABULAIRE

CE2
CM1
CM2

Écris la signification des mots suivants.

1. un monastère, une abbaye : ....

....

2. un abbé : ....

....

3. un moine : ....

....

EXERCICE

LES ABBAYES ET LES MONASTÈRES

CE2
CM1
CM2

Complète la carte des abbayes au Moyen Âge.

1. Écris le nom des abbayes : *Vézelay, Fontenay, Cluny, Citeaux.*

2. Complète la légende et donne un titre à la carte.

TITRE :

LÉGENDE

●

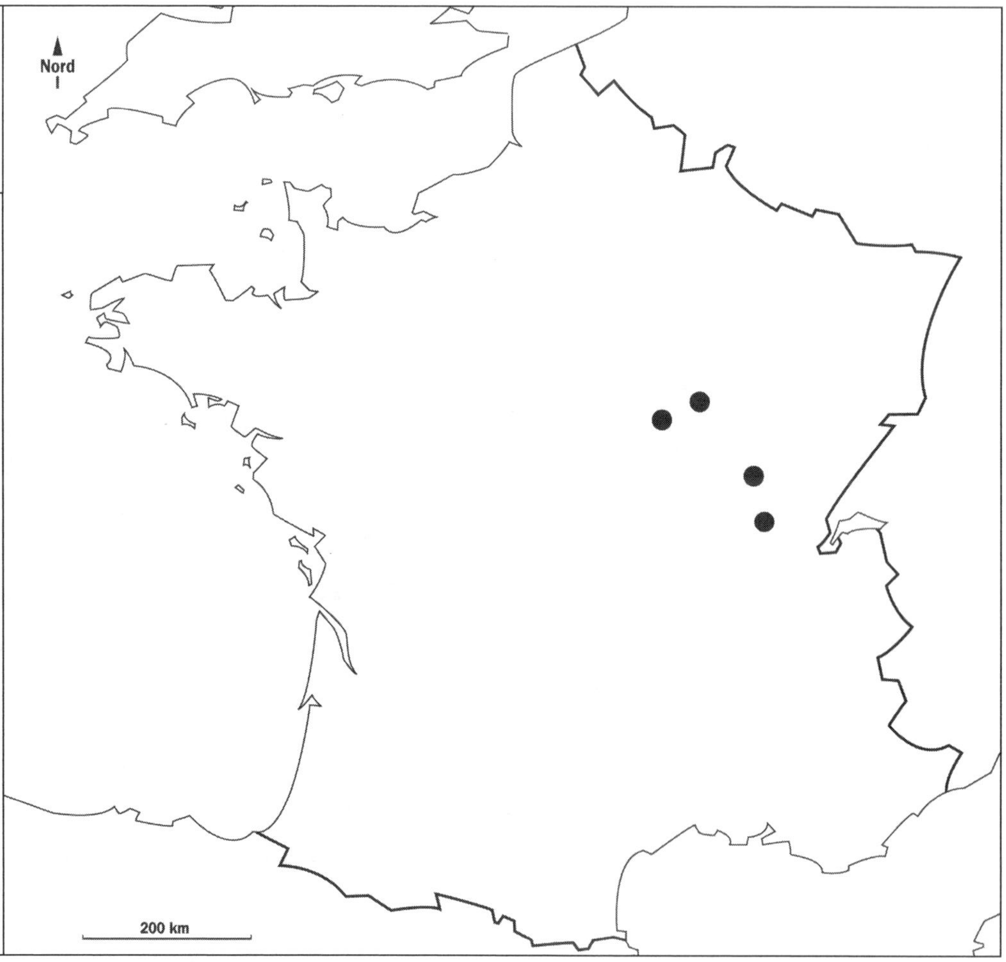

EXERCICE — UNE VIE DE LABEUR

CE2
CM1
CM2

Écris la signification des mots suivants.

1. un manuscrit : ……………………………

2. une enluminure : ……………………………

3. un parchemin : ……………………………

4. défricher : ……………………………

EXERCICE — UNE VIE DE LABEUR ET DE PRIÈRE

CE2
CM1
CM2

Lis le texte et complète le fléchage en écrivant le nom des endroits correspondant à chaque activité. Choisis parmi les noms suivants :

réfectoire, forge, scriptorium, église, salle commune.

> Les frères feront la lecture du matin jusqu'à la fin de la deuxième heure. Puis ils diront les prières de trois heures. Ils travailleront jusqu'à la neuvième heure à l'ouvrage qui leur aura été confié. Au premier coup de neuf heures, ils quitteront tous leur travail, de façon à être prêts quand le second coup sonnera. Après le repas, ils s'appliqueront à leurs lectures ou à l'étude des psaumes.
>
> **Règle de saint Benoît, VIe siècle**

lecture → **1.** ……………………………

prières → **2.** ……………………………

ouvrage → **3.** ……………………………

4. ……………………………

repas → **5.** ……………………………

SÉQUENCE 33 Les villes, espaces de liberté

EXERCICE

LES VILLES DU MOYEN ÂGE

CE2
CM1
CM2

Relie chaque mot à l'élément correspondant sur le dessin de cette ville du Moyen Âge.

une tour de garde — une église — une ruelle étroite — une porte de la ville

5. les remparts — **6.** un fossé — **7.** les champs — **8.** un faubourg

EXERCICE

LES VILLES DU MOYEN ÂGE

CE2
CM1
CM2

Souligne les équipements que l'on trouvait dans les villes du Moyen Âge.

1. des remparts
2. une tour de guet
3. un supermarché
4. des lampadaires de rue
5. des champs
6. des églises
7. des boutiques
8. de larges avenues
9. des fontaines
10. des mosquées
11. un marché
12. des ruelles
13. des écoles
14. des trottoirs
15. des écuries

DES VILLES DANGEREUSES

EXERCICE

CE2
CM1
CM2

Complète les phrases sur les dangers dans les villes du Moyen Âge.

1. La nuit, il était interdit de laisser les bougies allumées dans les maisons car ....

....

....

2. Les ruelles étaient sombres, si bien que ....

....

....

3. Chacun jetait ses ordures et ses eaux sales dans la rue. De ce fait, ...

....

....

DES VILLES ANIMÉES

EXERCICE

CE2
CM1
CM2

Lis le texte et réponds aux questions.

1. Souligne en rouge tous les objets vendus dans cette ville.

2. Parmi ces objets, cites-en trois qui sont fabriqués sur place : ....

....

3. Cites-en trois qui viennent de pays lointains : ....

....

4. Quel passage, selon toi, montre le mieux la richesse et l'activité de cette ville marchande ? (Recopie-le et justifie ton choix).

....

....

....

....

....

....

....

....

Il regarde la ville entière, peuplée de gens nombreux et beaux, les tables des changeurs d'or et d'argent, toutes couvertes de monnaies. Il voit les places et les rues qui sont pleines d'ouvriers faisant tous les métiers possibles. Les uns font des draps et les autres les tissent ; ceux-là les peignent et d'autres les tondent ; d'autres fondent l'or et l'argent ; ceux-là font de beaux et bons ouvrages : des calices, des écuelles, des bijoux en émail, des anneaux, des ceintures et des boucles. On aurait dit que cette ville était une foire permanente, tant elle regorgeait de richesses, de cire, de poivre et d'épices et de fourrures bigarrées.

D'après Chrétien de Troyes, vers 1180.

SÉQUENCE 34

La naissance de l'islam au VIIe siècle

EXERCICE VOCABULAIRE

CE2
CM1
CM2

Donne la définition des mots suivants.

1. monothéiste : ....

....

2. polythéiste : ....

....

3. prophète : ....

....

....

4. l'islam : ....

....

....

5. un musulman : ....

....

....

6. l'Hégire : ....

....

....

EXERCICE LA VIE DE MOHAMMED

CM1
CM2

Coche les phrases qui sont justes.

- ☐ **1.** Allah était polythéiste.
- ☐ **2.** Mohammed vivait en Palestine.
- ☐ **3.** Mohammed est né au VIIe siècle.
- ☐ **4.** En 622, Mohammed a fui La Mecque pour s'installer à Médine.
- ☐ **5.** Mohammed est ensuite revenu vivre à La Mecque.
- ☐ **6.** Mohammed a été condamné à mort et crucifié.
- ☐ **7.** Les historiens affirment que Mohammed a vécu au VIIe siècle.
- ☐ **8.** La religion fondée par Mohammed s'appelle l'islam.

EXERCICE — LES DÉBUTS DE L'ISLAM

CM1
CM2

Complète la frise chronologique.

1. Place un point rouge pour indiquer la naissance de Jésus et un point vert pour indiquer l'Hégire et écris à quoi ils correspondent.

2. Colorie en vert la période des débuts de l'islam et écris à quoi elle correspond.

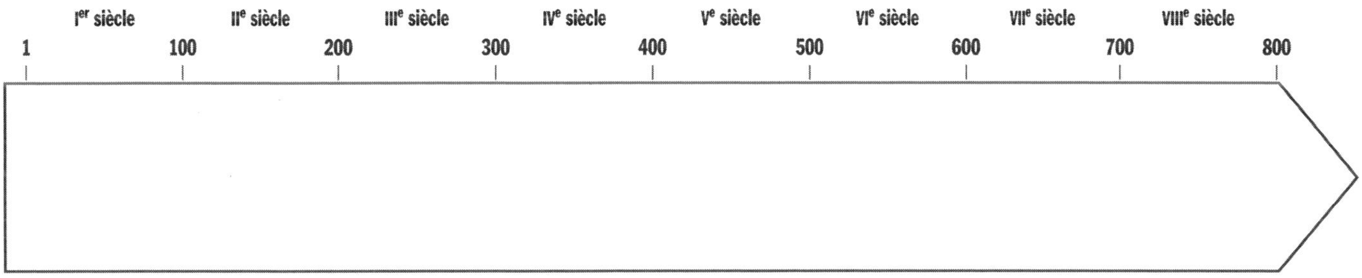

EXERCICE — LES DÉBUTS DE L'ISLAM

CE2
CM1
CM2

Complète la carte des débuts de l'islam.

1. Colorie l'Arabie en vert.

2. Écris au bon endroit : *La Mecque, Médine, mer Méditerranée.*

3. Complète la légende et donne un titre à la carte.

TITRE :

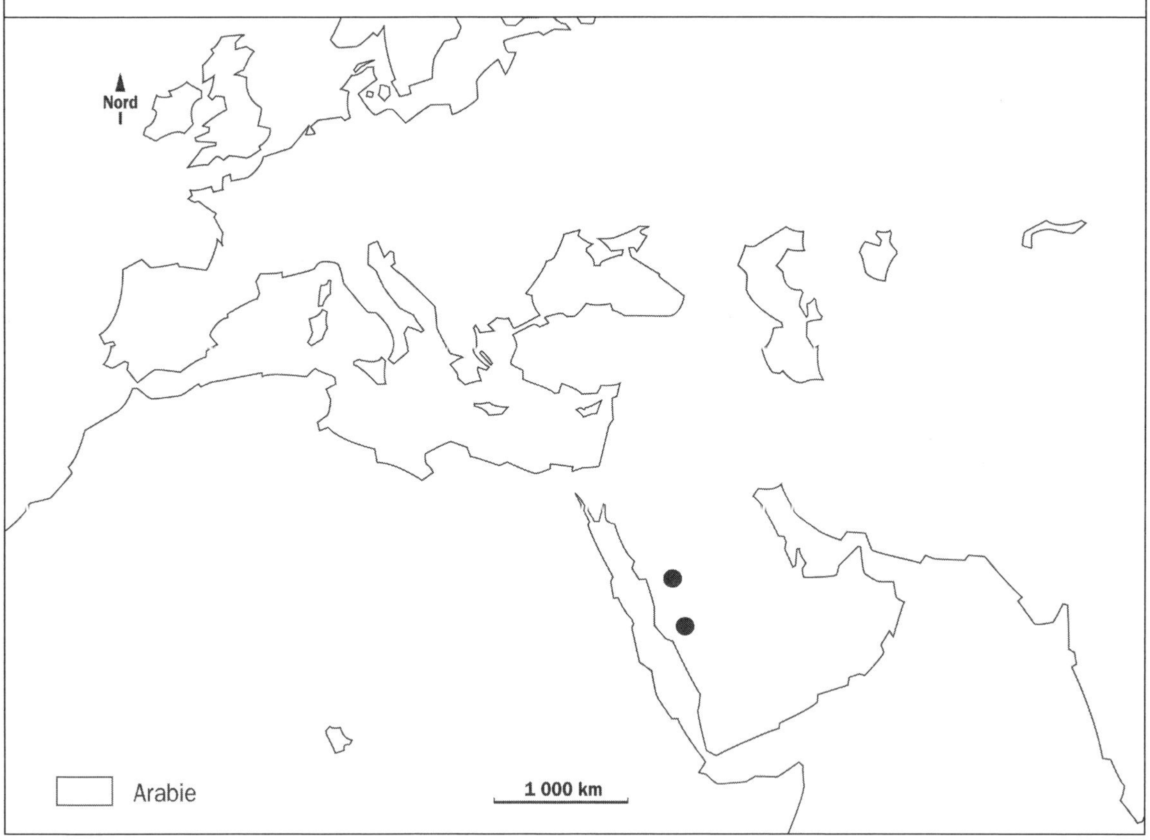

EXERCICE

LES FÊTES MUSULMANES

CM1
CM2

Fais des recherches et réponds aux questions.

1. Que doivent faire les musulmans pendant le mois de *ramadan* ? ....

....

....

2. Vers où les musulmans se tournent-ils pour prier ? ....

....

....

3. Qu'est-ce que le Coran ? ....

....

....

EXERCICE

LES MOSQUÉES

CE2
CM1
CM2

Complète les légendes en utilisant les mots :

minaret, ablutions, chaussures, muezzin.

1. Du haut du ...., le .... appelle les musulmans à la prière cinq fois par jour.

2. Avant de prier, les musulmans font des .... pour se purifier et retirent leurs ....

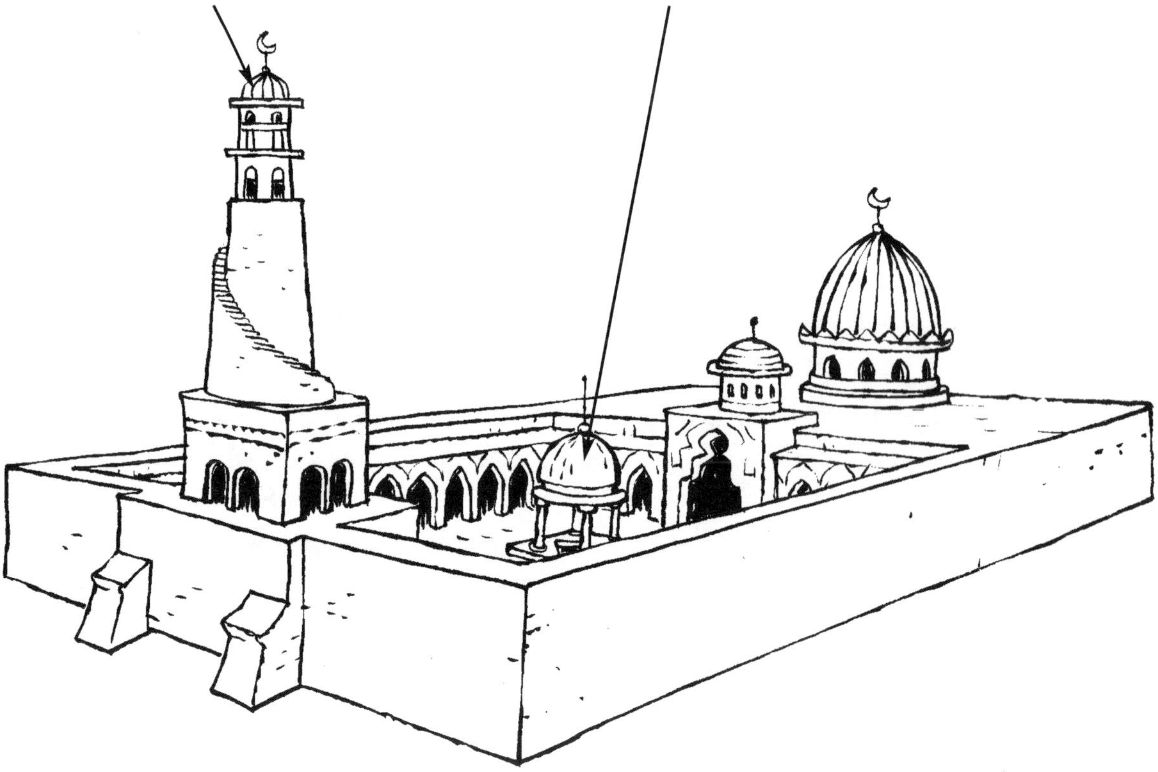

L'Empire arabe VIIe-VIIIe siècle

EXERCICE — L'EMPIRE ARABE

CE2
CM1
CM2

Complète la frise chronologique.

1. Place un point vert pour situer l'Hégire dans le temps et indique sa date et son nom.

2. Colorie en vert la période d'essor et de puissance de l'Empire arabe et nomme-la.

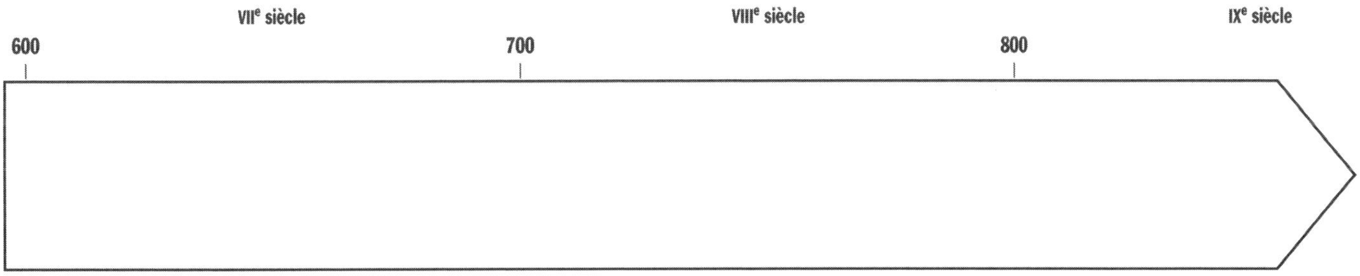

EXERCICE — L'EMPIRE ARABE

CE2
CM1
CM2

Complète la carte de l'Empire arabe.

1. Colorie l'Arabie en vert foncé, le reste de l'Empire arabe en vert clair.

2. Écris au bon endroit : *La Mecque, Médine, mer Méditerranée, Proche-Orient, Moyen-Orient, Espagne, Afrique du Nord.*

3. Complète la légende et donne un titre à la carte.

TITRE :

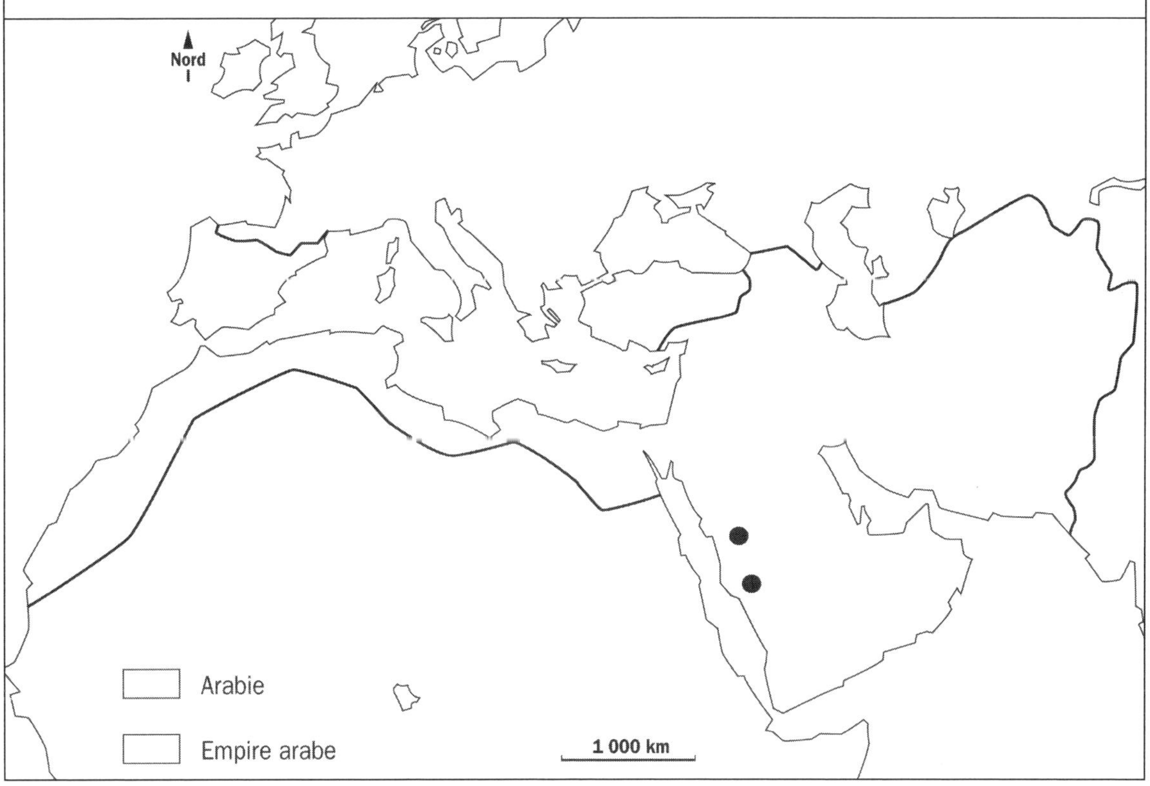

EXERCICE

LA PUISSANCE DE L'EMPIRE ARABE

CM1
CM2

Lis le texte et réponds aux questions.

Un marchand de Bagdad, nommé Ali Kogia, se préparait à partir en pèlerinage à La Mecque. Il se joignit à une caravane avec un chameau chargé de marchandises. Quand il eut achevé son pèlerinage, il exposa ses marchandises pour les vendre. Deux marchands les trouvèrent si belles qu'ils dirent : « Si ce marchand savait le bénéfice qu'il ferait en Égypte avec ces marchandises, il les y porterait. » Ali Kogia partit donc en Égypte. Il y vendit ses marchandises et fit un grand profit. Il en acheta d'autres qu'il alla vendre à Damas. Puis il accompagna des marchands en Inde et revint à Bagdad : il resta absent pendant sept ans.

D'après les contes des *Mille et Une Nuits*, XIIe siècle.

1. Quelles sont les deux raisons qui ont fait voyager Ali Kogia ?

– ....

....

– ....

....

2. Recopie dans l'ordre le nom des lieux par lesquels Ali Kogia est passé.

– Ville de départ : ....

– ....

– ....

– ....

– ....

– Ville d'arrivée : ....

3. Sur la carte ci-dessous, trace son itinéraire.

TITRE :

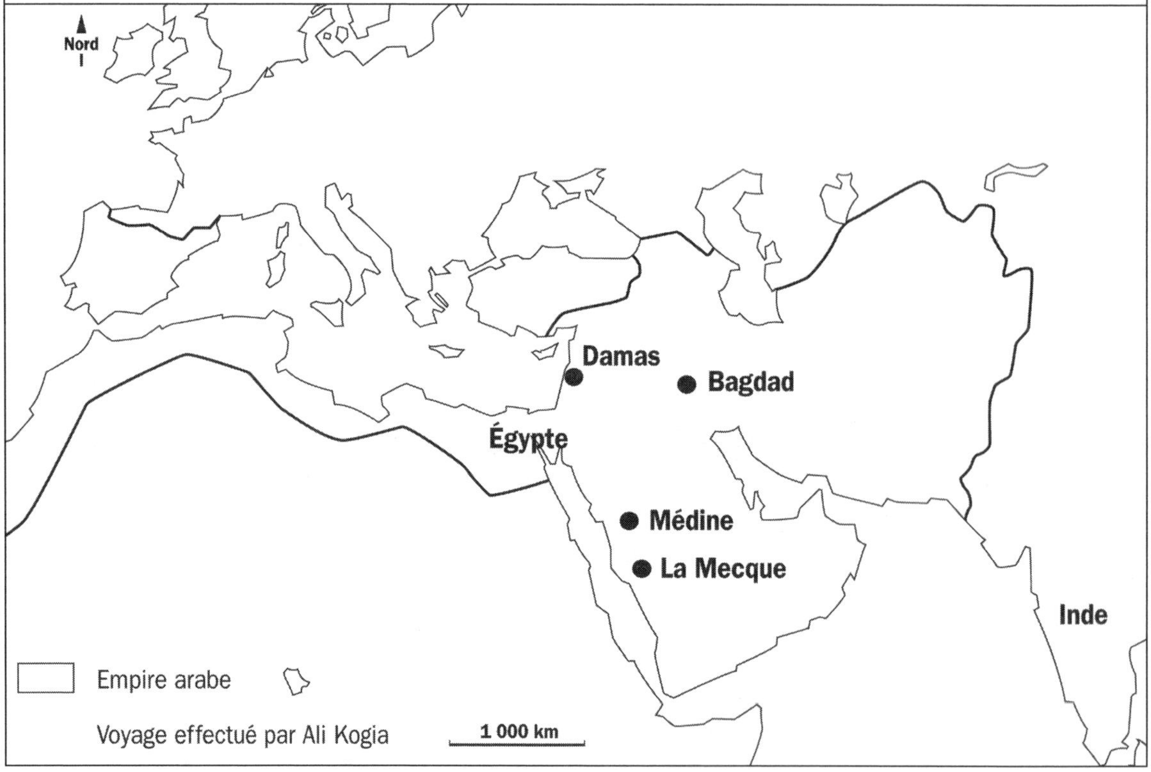

SÉQUENCE 36 Affrontements et échanges autour de la Méditerranée

EXERCICE

LES AFFRONTEMENTS : LES CROISADES

CE2
CM1
CM2

Complète la frise chronologique.

1. Place un point vert pour situer l'Hégire et écris son nom et sa date.

2. Colorie en rouge la période des Croisades, de 1095 à 1272.

3. Écris *Croisades* et les dates correspondantes.

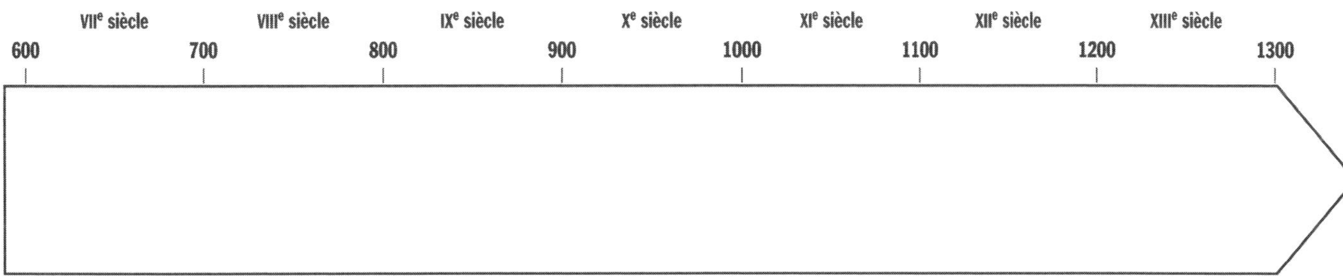

EXERCICE

LES AFFRONTEMENTS : LES CROISADES

CE2
CM1
CM2

Complète la carte de la période des croisades.

1. Colorie les territoires musulmans en vert, les royaumes chrétiens en bleu.

2. Écris quelques noms : *Paris, La Mecque, Jérusalem, mer Méditerranée.*

3. Complète la légende et donne un titre à la carte.

TITRE :

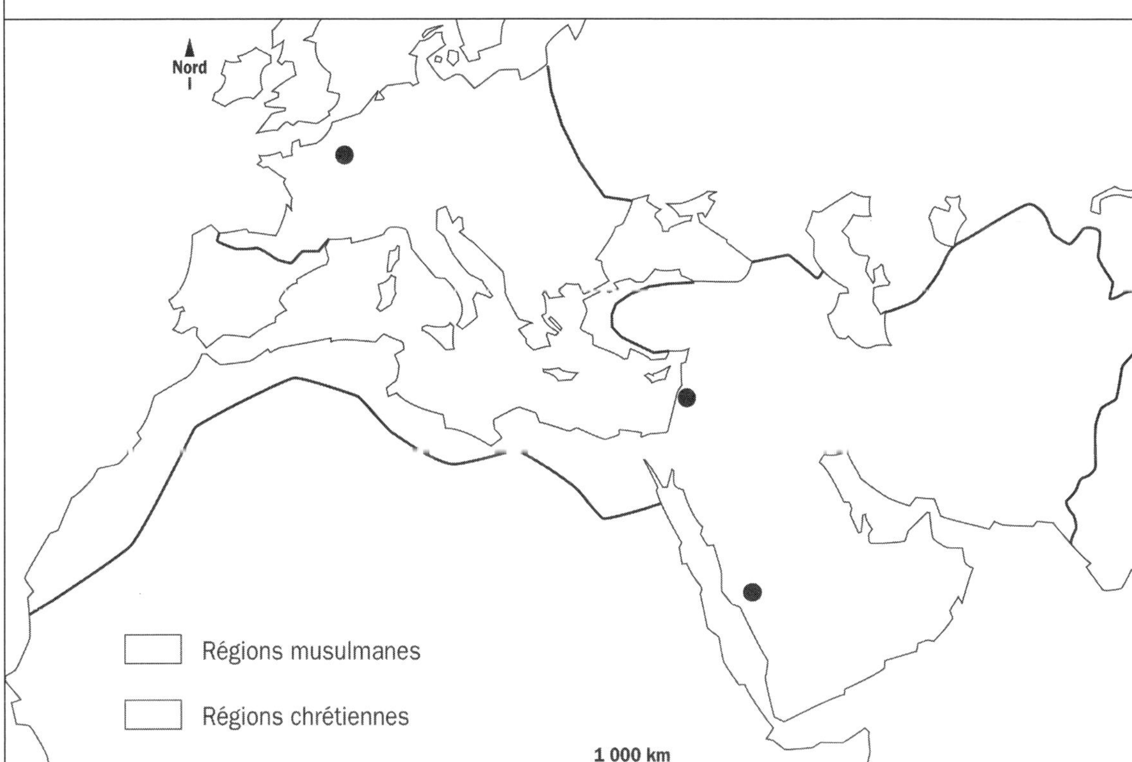

EXERCICE

LES ÉCHANGES : LE COMMERCE

CE2
CM1
CM2

Parmi ces « marchandises », colorie ou entoure celles que les marchands arabes proposaient aux Européens.

1. des épices

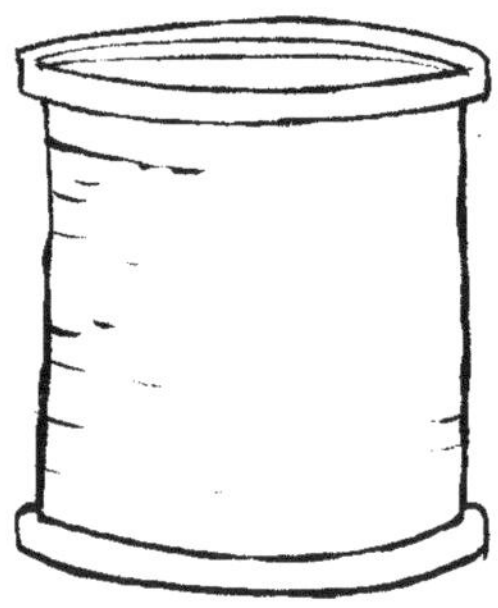

2. du pétrole

3. du cacao

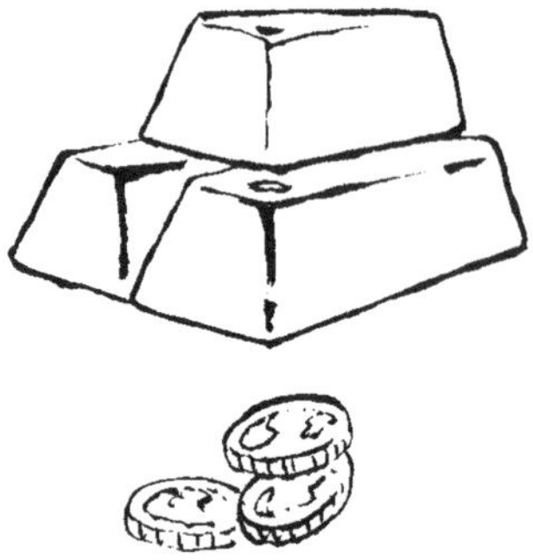

4. de l'or

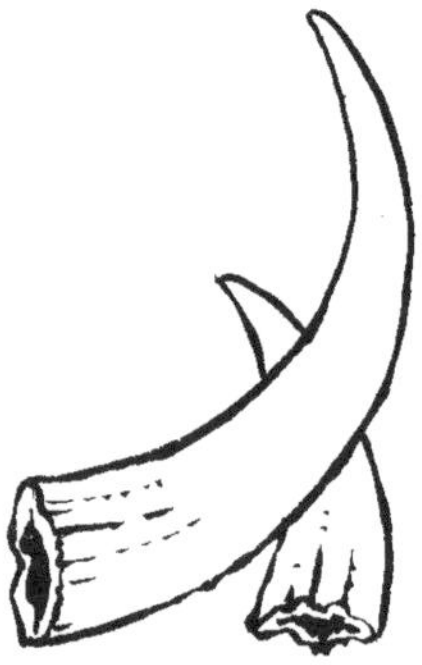

5. de l'ivoire

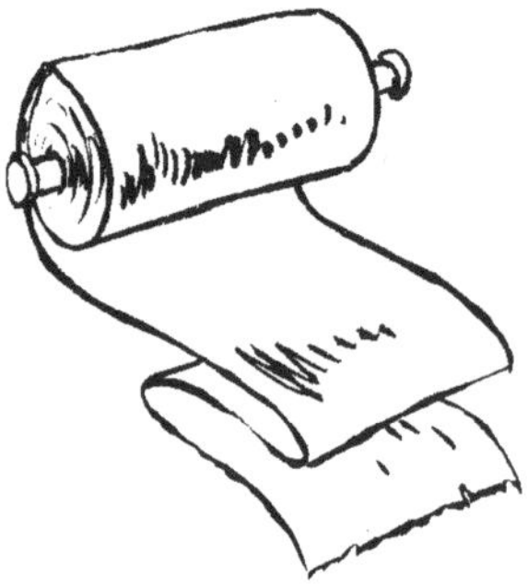

6. de la soie

7. des esclaves

8. du bétail

EXERCICE

LES ÉCHANGES : LES ARTS ET LES SCIENCES

CM1
CM2

Parmi ces affirmations, souligne celles qui sont justes.

1. Les Arabes ont transmis aux Européens les découvertes qu'ils ont faites en mathématiques.

2. Les Chinois ont inventé le papier ; les Arabes l'ont fait connaître aux Européens.

3. Les Européens ont fait découvrir aux Arabes la philosophie de la Grèce antique.

4. De nombreuses mosquées ont été décorées dans le style des cathédrales gothiques.

5. Les jardins arabes, qui évoquaient le paradis, ont influencé les jardins occidentaux du Moyen Âge.

6. De nombreux mots arabes viennent du français : coton, douane, bazar, magasin…

EXERCICE

LE VOYAGE DE MARCO POLO

CM1
CM2

Lis le texte et trace sur la carte le voyage effectué par Marco Polo.

De 1271 à 1295, un jeune marchand de Venise, Marco Polo, effectua un voyage vers la Chine, alors inconnue des Européens. Parti de Venise, il navigua vers Constantinople puis dans la mer Noire avant de regagner la terre. Il chemina jusqu'à Tabriz, traversa le désert de Gobi et arriva à Beijing (Pékin) en 1275. Il séjourna seize années en Chine, où il aurait travaillé pour le compte du Grand Khan (empereur de Chine). En 1291, il prit le chemin du retour. Parti par bateau de Caiton, il contourna l'Asie du Sud-Est, passa entre l'Inde et l'île de Ceylan puis remonta vers Ormuz. De là, il suivit une route jusqu'à Bagdad puis jusqu'à la mer Noire. Un autre bateau lui permit de regagner la Méditerranée et de revenir à Venise.

TITRE :

Voyage effectué par Marco Polo

CM1
CM2

Lis le texte et applique les consignes.

1. Souligne en rouge les mots qui montrent la richesse du Grand Khan.

2. Souligne en vert les mots et les passages qui évoquent la taille du palais.

3. Souligne en bleu les mots qui indiquent la beauté du lieu.

L'empereur de Chine possède un palais d'hiver. Les murs des salles sont couverts d'argent et d'or; de fines ciselures représentent des lions et des dragons, des animaux et des oiseaux, des histoires de dames et de guerriers et des histoires de combat. Les toits sont faits de telle sorte que l'on n'y voit rien qu'argent et or et peintures. Ils resplendissent comme du cristal et on les voit luire de loin. Sur chaque façade, on trouve un grand escalier de marbre. La grande salle est si vaste que 6000 personnes pourraient y manger en même temps. Le palais compte 400 chambres. Derrière le palais, il y a de grandes maisons, des chambres et des salles où l'empereur met ses affaires personnelles, son trésor, son or, son argent, ses pierres précieuses, ses perles et sa vaisselle d'or et d'argent.

D'après Marco Polo, *Le Livre des merveilles*, XIIIe siècle.

SÉQUENCE 37 La restauration du pouvoir royal en France 987-1314

EXERCICE

LES MÉROVINGIENS, LES CAROLINGIENS ET LES CAPÉTIENS

CE2
CM1
CM2

Complète la frise chronologique.

1. Colorie en bleu la période des Mérovingiens, de 481 à 751

2. Colorie en rose la période des Carolingiens, de 751 à 987.

3. Colorie en jaune la période des Capétiens, de 987 à 1792.

4. Établis une légende pour expliquer les couleurs utilisées.

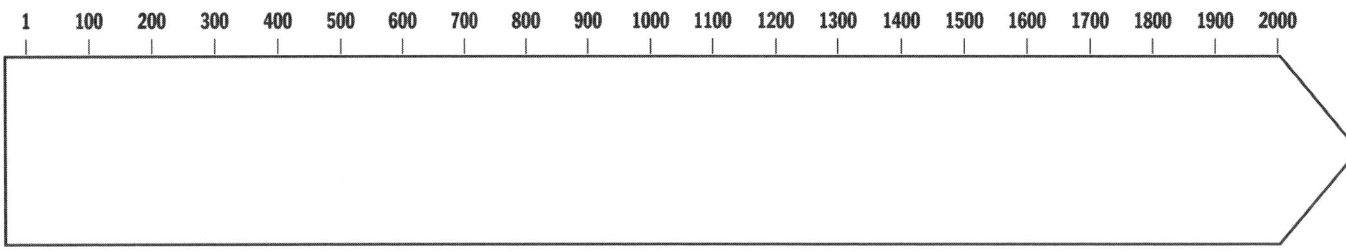

EXERCICE

LES MÉROVINGIENS, LES CAROLINGIENS ET LES CAPÉTIENS

CM1
CM2

Écris son nom sous chaque souverain et souligne les Mérovingiens en bleu, les Carolingiens en rouge et les Capétiens en vert.

Charlemagne, Saint Louis, Hugues Capet, Clovis, Philippe Auguste, Philippe le Bel.

1. Il a été sacré empereur en l'an 800 :

2. Il s'appelle Louis IX, mais on dit aussi :

3. Fils de Philippe III, il a agrandi le royaume :

4. Il a été élu roi par les Grands du royaume en 987 :

5. Son surnom, Auguste, signifie grand :

----

6. Il a été baptisé à Reims en 496 :

EXERCICE

LA CONQUÊTE DU DOMAINE ROYAL PAR LES CAPÉTIENS

CM1
CM2

Complète les cartes du royaume de France sous les Capétiens.

1. Repasse les frontières du royaume de France en rouge et colorie-le en jaune.

2. Colorie en vert le domaine royal.

3. Complète la légende.

La France d'Hugues Capet (987-996)

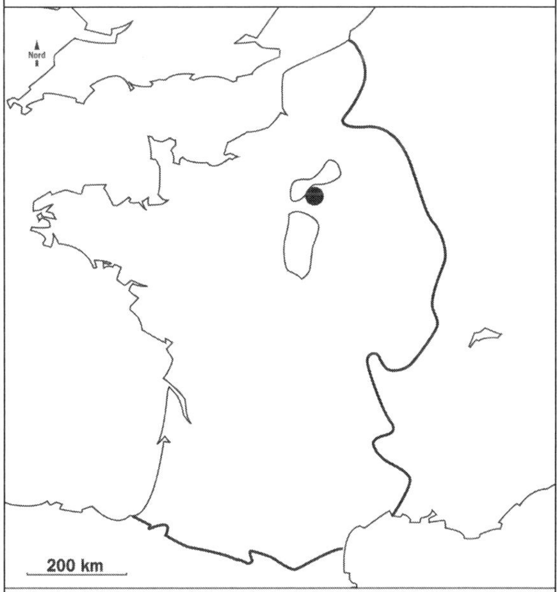

☐ Domaine royal
☐ Royaume de France
Frontières de la France

La France de Philippe Auguste (1180-1223)

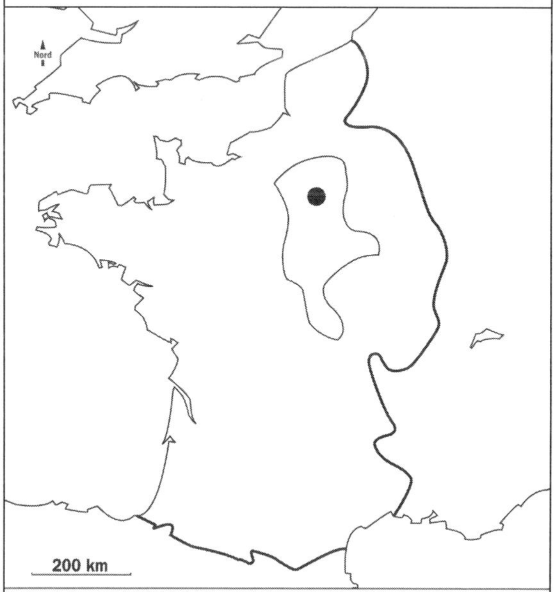

☐ Domaine royal
☐ Royaume de France
Frontières de la France

La France de Charles le Bel (1322-1328)

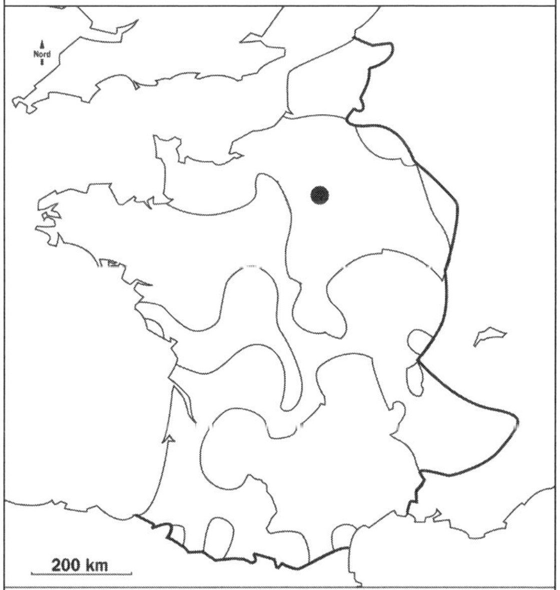

☐ Domaine royal
☐ Royaume de France
Frontières de la France

La France de Louis XI (1483)

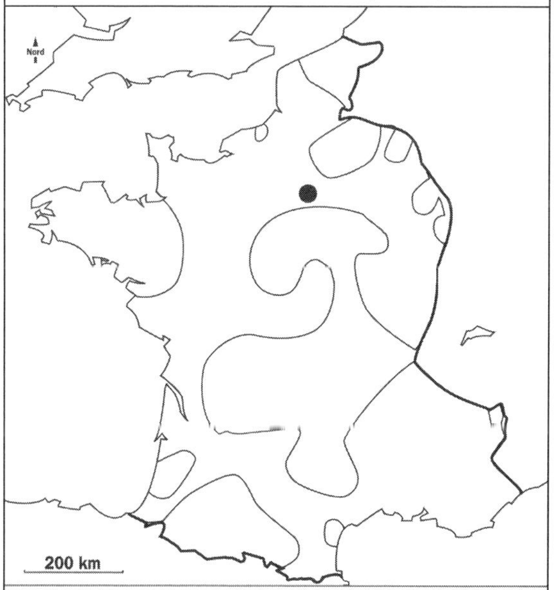

☐ Domaine royal
☐ Royaume de France
Frontières de la France

EXERCICE

LE RÉTABLISSEMENT DE L'AUTORITÉ ROYALE

CE2
CM1
CM2

Coche les phrases qui sont justes.

☐ **1.** Les Capétiens ont rétabli l'autorité royale sur l'ensemble du royaume de France.

☐ **2.** Les seigneurs ont spontanément donné leurs terres aux rois de France.

☐ **3.** Les Capétiens ont agrandi le domaine royal en achetant des terres.

☐ **4.** Les Capétiens ont agrandi le domaine royal en combattant certains seigneurs.

☐ **5.** Les Capétiens ont fait d'Aix-la-Chapelle leur capitale.

☐ **6.** Les baillis et les sénéchaux rendaient la justice pour le compte du roi.

☐ **7.** Les baillis et les sénéchaux collectaient les impôts pour les seigneurs.

☐ **8.** Les baillis et les sénéchaux contrôlaient l'armée du roi.

☐ **9.** Les Capétiens ont créé une monnaie valable dans tout le royaume : l'euro.

☐ **10.** Les Capétiens ont agrandi le royaume de France.

EXERCICE

LES INSIGNES DU POUVOIR ROYAL

CE2
CM1
CM2

Relie chaque mot à l'élément correspondant sur le portrait de ce roi.

1. le manteau à fleurs de lys **2.** la couronne **3.** le sceptre **4.** le trône

SÉQUENCE 38 # La guerre de Cent Ans 1337-1453

EXERCICE

LES ORIGINES DE LA GUERRE

CM1
CM2

Complète l'arbre généalogique.

1. Colorie en jaune le nom des hommes qui n'ont pas été rois de France.
2. Numérote les rois dans l'ordre chronologique.
3. Colorie en rouge les rois qui ont succédé à leur père.
4. Colorie en orange les rois qui ont succédé à un frère.
5. Colorie en vert le roi qui a succédé à un cousin.

(1) Louis IX Saint Louis règne : 1226-1270

Philippe III règne : 1270-1285

Philippe IV le Bel règne : 1285-1314

Charles de Valois mort en 1325

Louis X le Hutin règne : 1314-1316 mort sans fils

Philippe V le Long règne : 1316-1322 mort sans fils

Charles IV le Bel règne : 1322-1328 mort sans fils

Isabelle mariée à Charles d'Angleterre

Philippe VI de Valois règne : 1328-1350

Edouard III, roi d'Angleterre

→ fils ou fille de...

CM1
CM2

À l'aide de la généalogie ci-dessus et du texte ci-contre, complète les phrases suivantes.

1. Isabelle n'a pas succédé à son frère Charles IV le Bel parce que ....

....

2. Charles de Valois n'a pas succédé à Charles IV le Bel parce que ....

....

3. Edouard III d'Angleterre a prétendu qu'il était le roi de France parce que ....

....

....

....

....

Selon les règles de succession en France, le pouvoir ne pouvait pas être transmis par les femmes. En Angleterre, en revanche, les femmes pouvaient succéder à leur père. À la mort du roi Charles IV, la question était de savoir à qui devait être confié le royaume de France. Les Anglais déclaraient que le roi Edouard d'Angleterre, fils d'Isabelle, petit-fils de Philippe le Bel et, par conséquent, neveu de Charles IV, était le plus proche parent du roi défunt. Mais les Français n'admettaient pas l'idée d'être dominés par l'Angleterre.

D'après Jean de Venette, XIVe siècle

EXERCICE

LES ÉTAPES DE LA GUERRE DE CENT ANS

CE2
CM1
CM2

Complète la frise chronologique.

1. Colorie en violet la période de la guerre de Cent Ans, de 1337 à 1453.

2. Place un point rouge pour indiquer la victoire de Jeanne d'Arc à Orléans en 1429.

3. Établis une légende pour expliquer les couleurs et les signes utilisés.

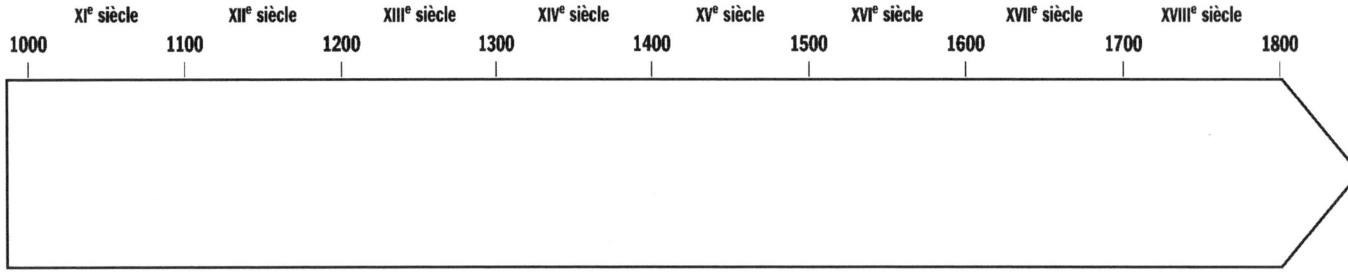

EXERCICE

LA GUERRE DE CENT ANS

CE2
CM1
CM2

Complète la carte de la guerre de Cent Ans.

1. Colorie en violet les régions appartenant aux Anglais au début de la guerre, en mauve celles conquises par les Anglais pendant la guerre et en jaune celles restées françaises.

2. Trace le trajet des troupes de Jeanne d'Arc : parties de Chinon, elles ont pris Orléans, sont remontées sur Troyes puis Reims, avant que Jeanne soit capturée à Compiègne.

3. Complète la légende et donne un titre à la carte.

TITRE :

LÉGENDE

☐ Régions conquises par les Anglais

☐ Régions restées françaises

Trajet effectué par les troupes de Jeanne d'Arc

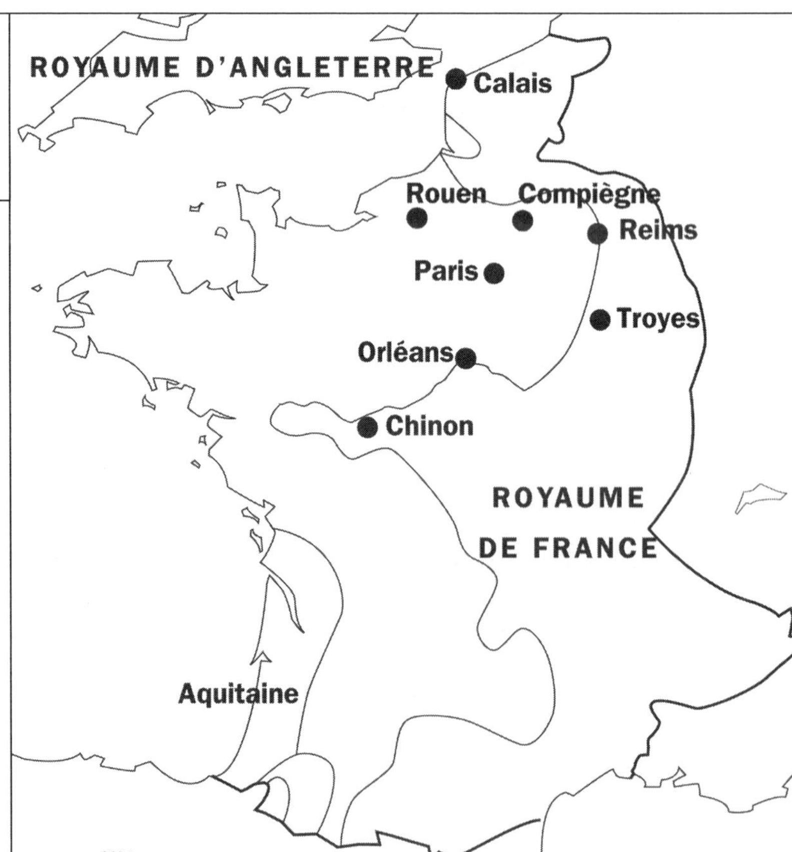

JEANNE D'ARC

CM1
CM2

Coche les vérités prouvées par les historiens.
Ne coche pas les informations qui relèvent de la légende.

☐ **1.** Jeanne d'Arc vivait en Lorraine, dans l'est de la France.

☐ **2.** Elle était chrétienne et consacrait beaucoup de temps à la prière.

☐ **3.** Elle aurait été une simple bergère qui gardait un troupeau de moutons.

☐ **4.** Elle aurait entendu des voix lui demandant de libérer la France des Anglais.

☐ **5.** Elle a rencontré le futur Charles VII et lui a demandé de lui confier une armée.

☐ **6.** À la tête de cette armée, elle a combattu les Anglais et libéré Orléans en 1429.

☐ **7.** Elle a convaincu Charles VII de se faire sacrer roi à Reims.

☐ **8.** Elle a été capturée à Compiègne puis détenue par les Anglais.

☐ **9.** L'Église l'a jugée pour sorcellerie et l'a condamnée à mort.

☐ **10.** En 1431, elle a été brûlée à Rouen.

SÉQUENCE 39 Les progrès au Moyen Âge

LES PROGRÈS DE L'AGRICULTURE

CE2
CM1
CM2

Écris son nom sous chaque outil puis colorie ceux qui ont été inventés au Moyen Âge :
faux, charrue, fléau, faucille, herse.

1. ....

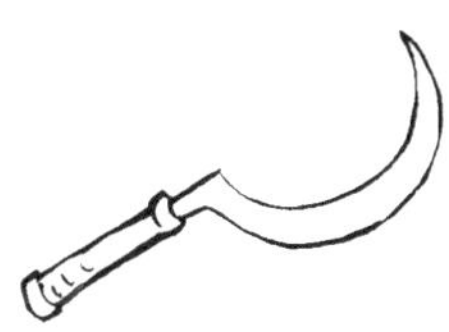

2. ....

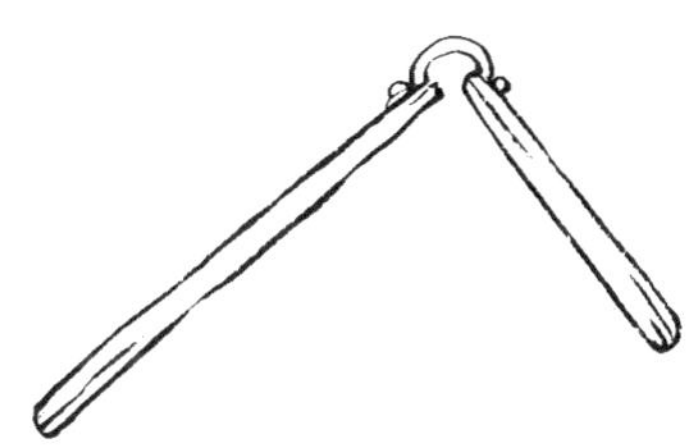

3. ....

4. ....

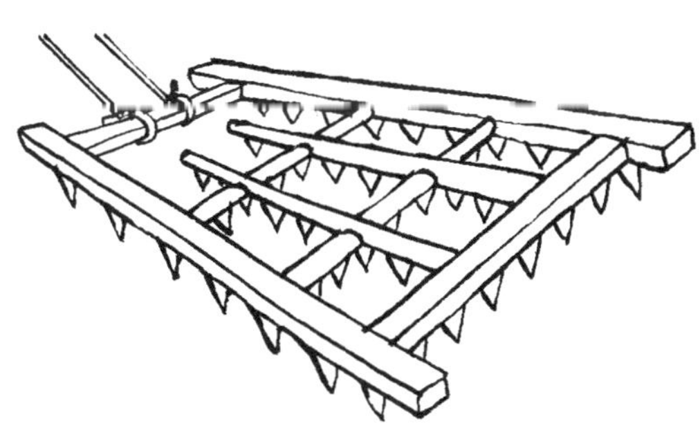

5. ....

LES PROGRÈS DE L'AGRICULTURE AU MOYEN ÂGE

EXERCICE

CE2
CM1
CM2

Entoure en bleu les outils traditionnels et en rouge les outils inventés au Moyen Âge :

la herse, la charrue, le collier d'épaule.

LES PROGRÈS DE LA NAVIGATION

EXERCICE

CE2
CM1
CM2

Parmi les propositions suivantes, souligne les progrès réalisés au Moyen Âge.

1. Les Européens ont commencé à utiliser des outils de navigation mis au point par les Chinois et les Arabes.

2. Ils ont utilisé la boussole, qui permet de déterminer la direction que l'on prend.

3. Ils ont utilisé l'astrolabe, qui permet de se situer par rapport aux étoiles.

4. Ils ont équipé leurs bateaux des premiers ordinateurs de bord.

5. Ils ont construit des bateaux plus performants, avec un gouvernail à l'arrière.

6. Pour la première fois, ils ont équipé leurs navires de voiles.

EXERCICE LES PROGRÈS DE L'IMPRIMERIE

CE2
CM1
CM2

Complète les phrases avec les mots :

manuscrits, imprimerie, parchemins, enluminures, moines, papier, Bible, Gutenberg.

1. Pendant le Moyen Âge, les livres étaient des .... :

ils étaient copiés à la main par des ....

2. Ceux-ci écrivaient sur des .... avant que les Arabes

leur fassent connaître le ....

3. Ils décoraient leurs ouvrages de belles ....

4. En 1440, l'Allemand .... a mis au point l'.. .

5. Le premier livre qu'il a ainsi imprimé était une ....

EXERCICE LES PROGRÈS DE L'IMPRIMERIE

CE2
CM1
CM2

Relie chaque légende au personnage correspondant.

1. Il sélectionne et ordonne les caractères nécessaires pour imprimer la page, en prenant modèle sur un livre.

2. Il apporte un tampon pour encrer les caractères.

3. Il serre la presse dans laquelle se trouve la feuille à imprimer, posée sur les caractères couverts d'encre.

4. Il vérifie la feuille que l'on vient d'imprimer.

5. Il range les feuilles imprimées pour constituer un livre.

4 Des Temps modernes à l'Empire napoléonien

SÉQUENCE 40 Les grandes explorations XVe-XVIe siècle

EXERCICE À L'ASSAUT DES MERS

CE2
CM1
CM2

Souligne les motivations qui ont poussé les Européens à explorer le monde à partir du XVe siècle.

1. De nombreux navigateurs étaient poussés par l'esprit d'aventure et par la curiosité.
2. Certains voulaient être les premiers à découvrir l'Amérique.
3. La mise au point de navires plus rapides et plus sûrs facilitait les voyages.
4. Les Européens souhaitaient convertir au christianisme les peuples du monde entier.
5. Beaucoup de marins souhaitaient s'installer dans les régions chaudes du globe.
6. Les explorateurs espéraient découvrir de nouvelles richesses.
7. Plusieurs navigateurs espéraient prouver que la Terre est ronde.
8. Les marchands voulaient faire du commerce avec l'Asie, sans passer par les Arabes.

EXERCICE LES NAVIGATEURS

CE2
CM1
CM2

Complète chaque phrase avec le nom qui convient:

Bartolomeu Diaz, Vasco de Gama, Christophe Colomb, Magellan.

1. .... fut le premier Européen à atteindre l'Inde en 1498.
2. .... tenta de prouver que la Terre est ronde: son équipage fut le premier à faire le tour du monde.
3. .... révéla au monde l'existence d'un nouveau continent: l'Amérique.
4. .... fut le premier Européen à atteindre l'Afrique du Sud.

EXERCICE

LES GRANDS VOYAGES D'EXPLORATION

CE2
CM1
CM2

Complète la frise chronologique en indiquant la date de chacun des grands voyages d'exploration et en écrivant le nom des explorateurs.

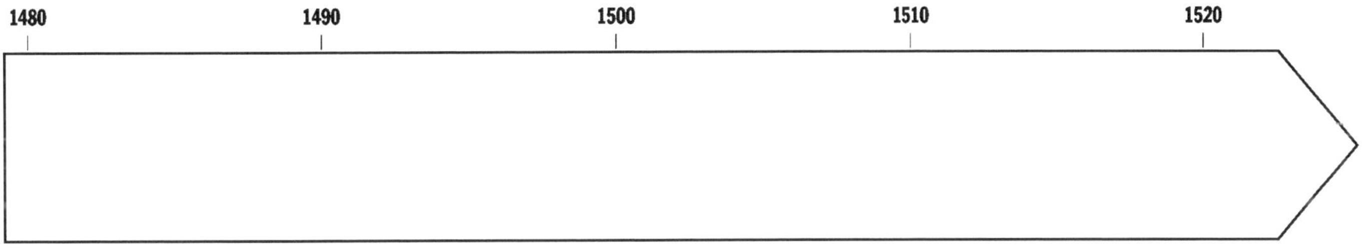

EXERCICE

LES GRANDS VOYAGES D'EXPLORATION

CE2
CM1
CM2

Complète la carte des grandes explorations.

1. Repasse chaque voyage d'exploration d'une couleur.

2. Écris quelques noms : *Amérique, Afrique, Europe, Asie, Inde, océan Atlantique, océan Pacifique, océan Indien.*

3. Complète la légende et donne un titre à la carte.

TITRE :

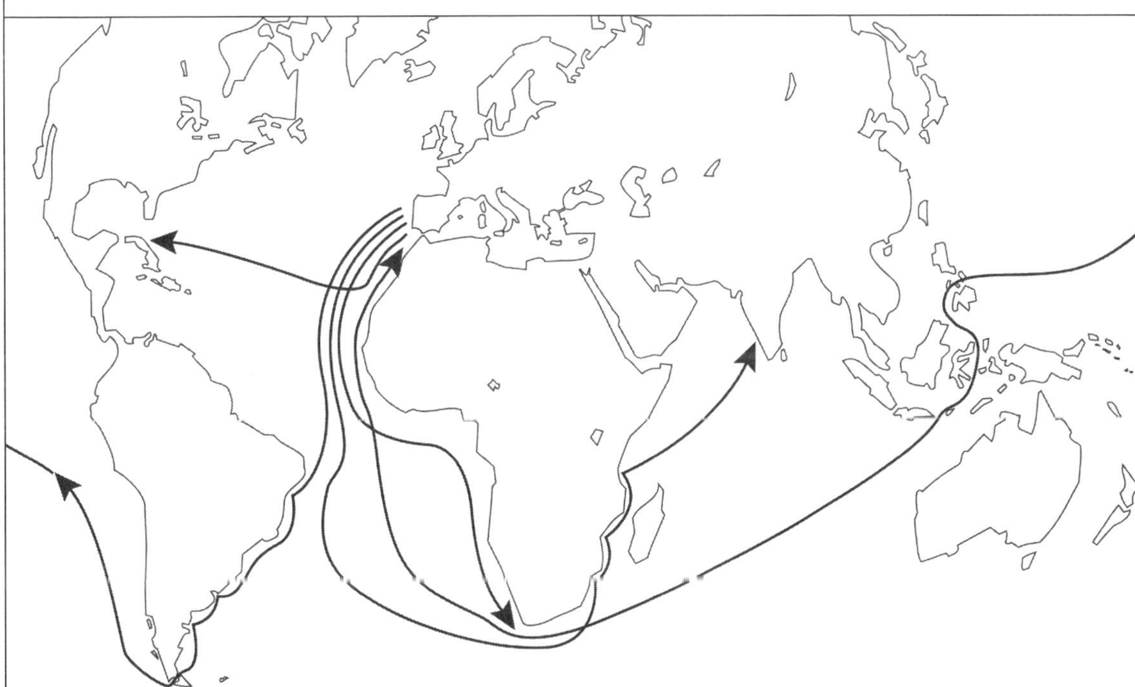

1487 Bartolomeu Diaz atteint le sud de l'Afrique.
1492 Christophe Colomb traverse l'Atlantique et atteint l'Amérique.
1498 Vasco de Gama franchit le cap de Bonne-Espérance et atteint l'Inde.
1519-1521 Magellan puis son équipage font le tour du monde.

SÉQUENCE 41

L'Europe domine le monde XVIe-XIXe siècle

EXERCICE

LA TRAITE DES NOIRS

CE2
CM1
CM2

Complète les phrases avec les mots suivants :

Afrique, Amérique, esclaves, pacotilles, Indiens, battre, armes à feu, tuer, tués, travailler, vendus.

1. La quasi-totalité des .... d'Amérique a disparu, car les Européens les ont .... ou obligés à .... pour eux dans des conditions effroyables, et ils en sont morts.

2. Les Européens sont donc allés chercher de la main-d'œuvre en ....

3. Ils achetaient des hommes et des femmes contre des .... et des ....

4. Ils les emmenaient comme .... en ....

5. Là, ces esclaves étaient .... à de riches propriétaires qui les faisaient travailler et qui pouvaient les ...., voire les ....

EXERCICE

LE COMMERCE TRIANGULAIRE

CE2
CM1
CM2

Complète la carte en écrivant dans les cases les mots suivants :

miroirs, esclaves, rhum, alcool, armes à feu, pacotilles, sucre, tabac.

TITRE :

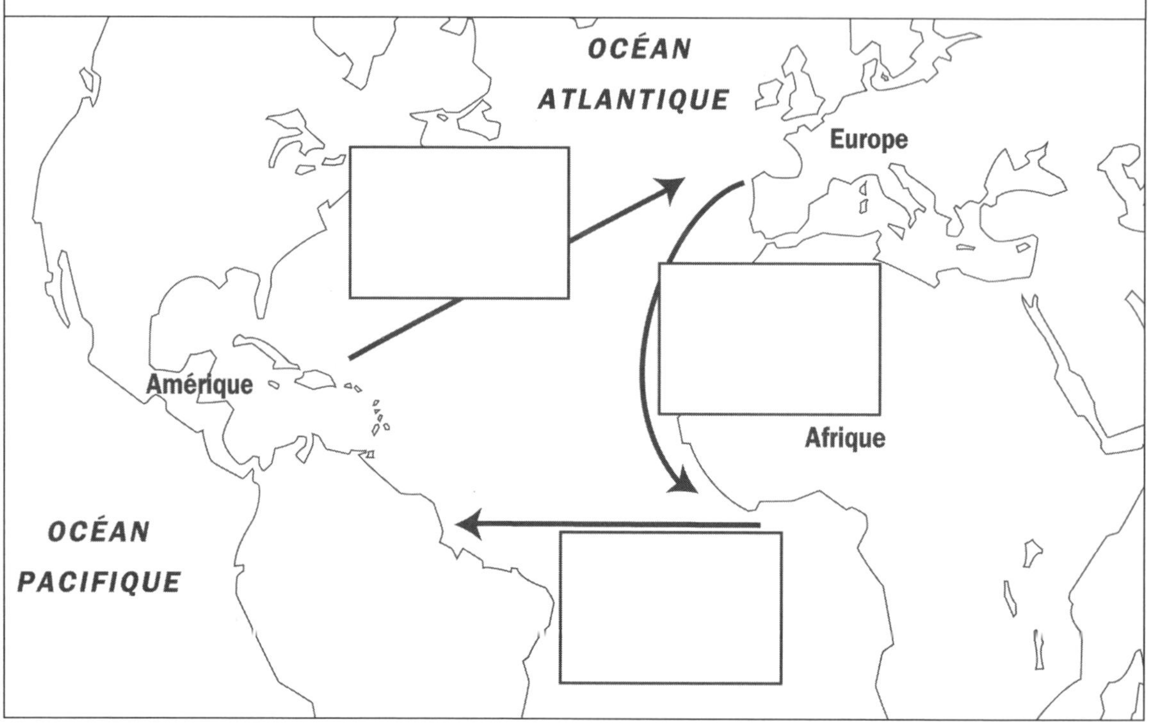

EXERCICE

LA TRAITE DES NOIRS

CE2
CM1
CM2

Découpe les dessins et remets-les dans l'ordre des étapes de la traite des Noirs.

Enchaînés, ces hommes et ces femmes étaient emmenés jusqu'à la côte.

Des hommes et des femmes étaient capturés dans des villages en Afrique.

Durant la vente, les familles étaient souvent séparées pour toujours.

Ils étaient entassés dans la cale et beaucoup mouraient pendant le voyage.

Les esclaves étaient examinés et vendus comme du bétail.

Les esclaves travaillaient très durement sur les plantations ou dans les mines.

Les propriétaires pouvaient les vendre, les battre et même les tuer.

À leur arrivée en Amérique, les survivants étaient soignés pour avoir belle allure.

Ils étaient embarqués sur des navires pour traverser l'océan Atlantique.

La Renaissance : l'art et la pensée XVe-XVIe siècle

EXERCICE – LES HOMMES DE LA RENAISSANCE

CM1
CM2

Fais des recherches et relie chaque artiste ou écrivain à ce qui le caractérise.

Léonard de Vinci •	• écrivain français
Rabelais •	• peintre, sculpteur, architecte et ingénieur italien
Shakespeare •	• anglais, auteur de nombreuses pièces de théâtre
Raphaël •	• peintre et sculpteur italien
Michel-Ange •	• peintre italien

EXERCICE – LA RENAISSANCE ARTISTIQUE

CM1
CM2

Parmi les monuments suivants, entoure ceux qui datent de la Renaissance.

le château de Chambord

le château de Versailles

la cathédrale de Paris

la tour Eiffel

le château de Chenonceau

l'arc de triomphe d'Orange

le château de Blois

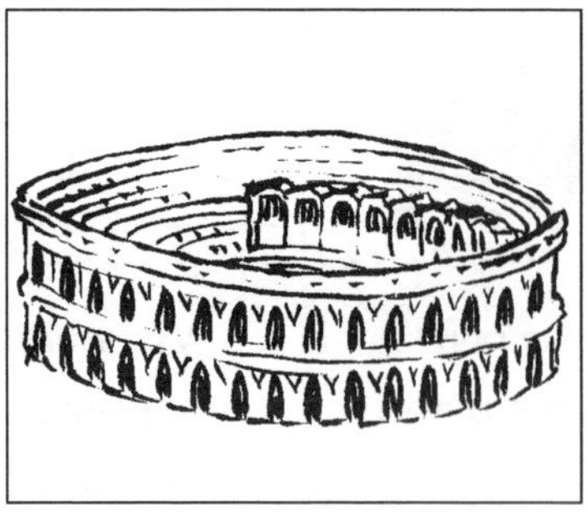
les arènes de Nîmes

le château de Bonaguil

FRANÇOIS Ier

CE2
CM1
CM2

Fais des recherches et complète la fiche biographique de François Ier.

François Ier

Né en .... Mort en ....

Roi de France de .... à ....

Il a succédé à Louis XII dont il était le ....

Il a développé les arts : il a fait construire le château

de .... et fait venir

Léonard de .... en France.

Par l'ordonnance de .... en 1539,

il a fait du français la langue officielle du pays. Il a créé l'état civil en ordonnant au

clergé de noter toutes les .... dans les registres.

LA RENAISSANCE INTELLECTUELLE

CM1
CM2

Lis le texte ci-contre.

Emploie ta jeunesse à bien profiter de tes études. Apprends les langues : le grec, le latin, l'hébreu et l'arabe. Étudie la géométrie, l'arithmétique et la musique. Apprends par cœur le droit. Adonne-toi avec curiosité à la connaissance de la nature : qu'il n'y ait aucune mer, aucune rivière, aucune fontaine dont tu ne connaisses les poissons ; tous les oiseaux de l'air, tous les arbustes des forêts, toutes les herbes de la Terre, tous les métaux cachés dans les abimes, les pierreries de l'Orient et du Midi, que rien ne te soit inconnu. Puis soigneusement, lis les livres des médecins grecs, arabes et latins pour avoir une parfaite connaissance de cet autre monde qu'est l'homme.

Rabelais, 1532

1. Fais la liste des matières que Rabelais conseillait d'étudier :

....

....

....

....

....

2. Souligne les passages qui montrent que les humanistes s'intéressaient à l'Antiquité.

3. À ton avis, pourquoi Rabelais conseillait-il d'apprendre le latin et le grec, que l'on ne parlait plus ? ....

....

....

SÉQUENCE 43

La Renaissance : les sciences

EXERCICE

LES HOMMES DE LA RENAISSANCE

CE2
CM1
CM2

Fais des recherches et relie chaque savant à sa découverte.

Ambroise Paré •	• la mise au point de l'imprimerie en Europe
Galilée •	• des recherches sur un engin volant
Copernic •	• le raisonnement scientifique
Gutenberg •	• la Terre tourne sur elle-même
Léonard de Vinci •	• la ligature des artères pendant les opérations

EXERCICE

LES PROGRÈS DE L'ASTRONOMIE

CE2
CM1
CM2

Lis le texte et réponds aux questions.

> Le Soleil est une étoile fixe, entourée de planètes qui tournent autour d'elle et dont elle est le centre et le flambeau. Tous les mouvements, l'alternance du jour et de la nuit et le retour périodique des saisons dans l'année, sont les résultats de la rotation de la Terre autour de son axe et de son mouvement autour du Soleil. Si quelques hommes ignorants voulaient m'opposer certains passages de la Bible, dont ils détourneraient le sens, je mépriserais leurs attaques : les vérités scientifiques ne doivent être jugées que par des scientifiques.
>
> **Copernic, 1543**

1. Pourquoi, autrefois, croyait-on que le Soleil tourne autour de la Terre ? ....

....

....

2. Par quel mouvement de la Terre Copernic explique-t-il l'alternance du jour et de la nuit ? ....

....

....

3. Par quel mouvement de la Terre Copernic explique-t-il l'alternance des saisons ? ....

....

....

4. Pourquoi l'Église s'est-elle opposée à la découverte de Copernic ? ....

....

....

5. Quel était l'argument de Copernic pour répondre à ces attaques ?

....

....

SÉQUENCE 44 Les réformes religieuses XVe-XVIe siècle

EXERCICE LES RELIGIONS

CE2
CM1
CM2

Relis chaque religion à la définition qui lui correspond.

le catholicisme •	• suit les idées de Martin Luther et de Jean Calvin.
le protestantisme •	• est le christianisme de l'Est de l'Europe.
l'orthodoxie •	• reconnaît l'autorité du pape.
l'islam •	• est pratiqué par les musulmans.

EXERCICE LES RELIGIONS EN EUROPE AU XVIe SIÈCLE

CE2
CM1
CM2

Complète la carte des religions en Europe au XVIe siècle et sa légende.

1. Colorie en vert les régions musulmanes (Asie occidentale).
2. Colorie en rose les régions orthodoxes (Europe de l'Est).
3. Colorie en bleu les régions restées catholiques (Europe de l'Ouest).
4. Colorie en jaune les régions devenues protestantes (Europe du Nord et Europe centrale).
5. Colorie en violet le pays de l'anglicanisme.
6. Complète la légende et donne un titre à la carte.

LÉGENDE

☐ Régions musulmanes

☐ Régions orthodoxes

☐ Régions restées catholiques

☐ Régions devenues protestantes

☐ Région anglicane

TITRE :

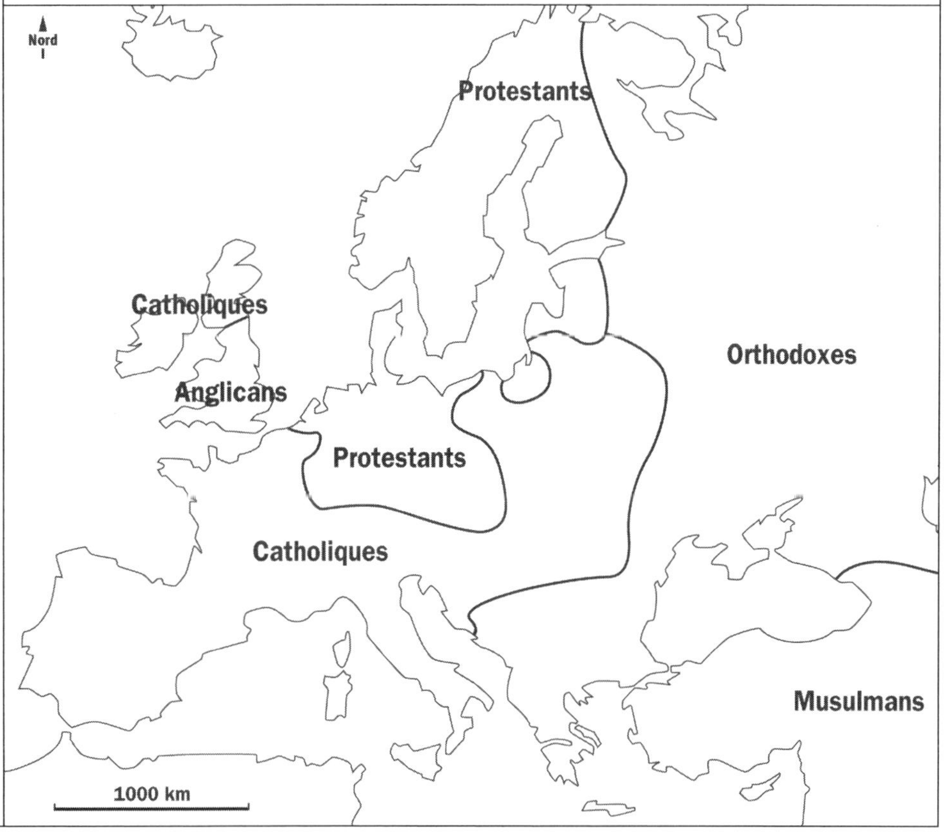

LES GUERRES DE RELIGION

CE2
CM1
CM2

Numérote ces événements dans l'ordre chronologique.

☐ La religion protestante fut autorisée en France par l'édit de Nantes en 1598.

☐ En 1562, les catholiques et les protestants français commencèrent à se déchirer dans une terrible guerre civile.

☐ Le règne d'Henri IV marqua la fin de la guerre civile.

☐ En 1589, Henri de Navarre, protestant, dut se convertir au catholicisme pour devenir roi de France.

[1] Au XVIe siècle, Martin Luther fonda le protestantisme.

☐ En 1572, Charles IX ordonna le massacre des nobles protestants.

☐ Les chrétiens se divisèrent entre l'Église « protestante » et l'Église « catholique ».

HENRI IV

CE2
CM1
CM2

Fais des recherches et complète la fiche biographique d'Henri IV.

Henri de ....

Né en .... à ....

Mort en .... à ....

Roi de .... à partir de 1572

Roi de .... à partir de 1589

Chef des ...., il s'est converti au .... pour devenir roi de France.

Il a mis fin aux guerres de religion et signé l'édit de .... en .... : celui-ci accordait aux protestants le droit de pratiquer leur religion.

En ...., il a été assassiné par ...., un catholique fanatique.

On rapporte que, lors de la bataille d'Ivry contre les Espagnols en 1590, Henri IV aurait incité ses troupes à bien garder le rang en disant : « Ralliez-vous à mon ....»

SÉQUENCE 45 La monarchie absolue XVIIe-XVIIIe siècle

EXERCICE

VOCABULAIRE

CE2
CM1
CM2

Donne la définition des mots et expressions suivants.

1. une monarchie : ....

....

2. la monarchie absolue : ....

....

3. une monarchie de droit divin : ....

....

EXERCICE

LES ROIS DE FRANCE

CM1
CM2

Remets ces souverains dans l'ordre chronologique en les numérotant.
Pour deux d'entre eux, indique le nom d'un de leurs ministres.

Clovis ☐

François Ier ☐

Louis XIV ☐ ....

Henri IV ☐

Charlemagne ☐

Hugues Capet ☐

Saint Louis ☐

Louis XIII ☐ ....

EXERCICE

LES ROIS DURANT LA MONARCHIE ABSOLUE

CE2
CM1
CM2

Complète la frise chronologique en plaçant les rois de France :

Louis XIV, Henri IV, Louis XV, Louis XIII, Louis XVI.

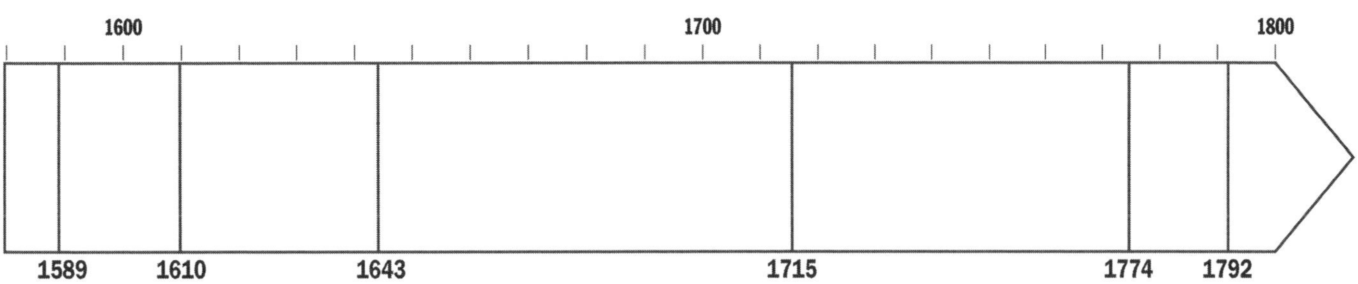

EXERCICE LOUIS XIV

CE2
CM1
CM2

Fais des recherches et complète la fiche biographique de Louis XIV.

Louis XIV, surnommé le Roi-..

Fils de .... et d'..

Né en .... Mort en ....

Roi de France de .... à .... :

il est donc devenu roi à l'âge de ....

Durant son enfance, la régence a été assurée par sa

.... assistée par le cardinal ....

Louis XIV a assumé le pouvoir à partir de .... Il a régné en monarque absolu et a révoqué l'édit de .... Il a fait construire le château de .... où il a organisé la vie de la cour.

Après sa mort, son ....-fils lui a succédé.

EXERCICE LES INSIGNES DU POUVOIR ROYAL

CE2
CM1
CM2

Relie chaque légende à l'élément correspondant sur le portrait de Louis XIV.

1. le grand collier de chef de la noblesse

2. le manteau brodé de fleurs de lys

3. le sceptre d'Henri IV

4. la couronne

5. la main de justice de Saint Louis

6. l'épée de Charlemagne

EXERCICE

LE POUVOIR ABSOLU DE LOUIS XIV

CM1
CM2

Termine chaque phrase en expliquant comment Louis XIV a imposé la monarchie absolue.

1. Le roi affirmait que son autorité lui avait été donnée par ....

2. Pour ne pas donner de pouvoir aux nobles, il choisit ses ministres parmi ....

....

3. Pour empêcher les nobles de contester son autorité, ...

....

EXERCICE

LA FRANCE DE LOUIS XIV

CE2
CM1
CM2

Complète la carte de la France de Louis XIV.

1. Colorie la France au début du règne de Louis XIV en jaune et les régions acquises par Louis XIV en orange.

2. Écris le nom de quelques villes fortifiées par Vauban :
Brest, Strasbourg, Perpignan, Bayonne, Lille, Belfort, La Rochelle.

3. Écris le nom des grands ports de commerce à l'époque de Louis XIV :
Dunkerque, Nantes, La Rochelle, Saint-Malo, Marseille, Le Havre.

4. Complète la légende et donne un titre à la carte.

TITRE :

LÉGENDE

☐ La France au début du règne de Louis XIV

☐ Les régions acquises par Louis XIV

Villes fortifiées par Vauban

Grands ports de commerce

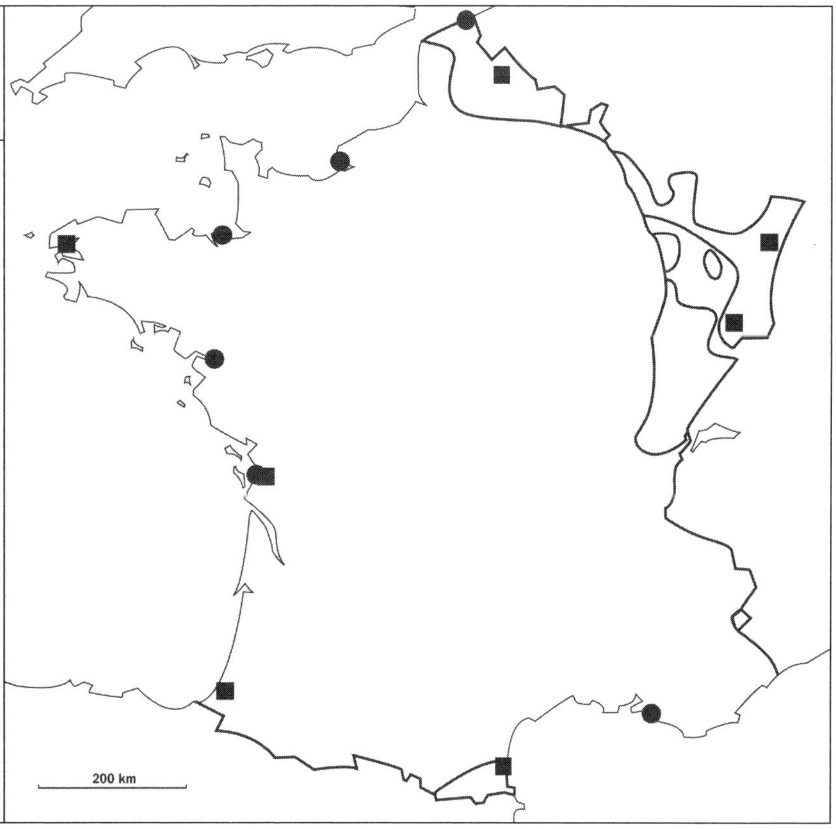

LA VIE À LA COUR

EXERCICE

CM1
CM2

Colorie les scènes qui représentent la vie à la cour de Louis XIV.

LE CHÂTEAU DE VERSAILLES

EXERCICE

CE2
CM1
CM2

Lis le texte et réponds aux questions.

1. Qu'est-ce que Louis XIV faisait pour distinguer quelqu'un à la cour ?

....

....

....

2. Que faisait-il pour indiquer à quelqu'un qu'il était en disgrâce ?

....

....

....

3. Pourquoi le roi regardait-il sans cesse autour de lui ?

....

....

....

....

....

Les fêtes, les voyages, les promenades particulières furent des moyens pour le Roi de distinguer ou de mortifier les personnes qu'il nommait pour y participer ou non. Il nommait chaque jour un courtisan pour tenir le bougeoir à son coucher. Le roi regardait à droite et à gauche, à son lever, à son coucher, à ses repas, en passant dans les appartements, dans ses jardins ; il voyait et remarquait tout le monde et distinguait bien les absences.

D'après Saint-Simon, XVIIIe siècle

SÉQUENCE 46

Les progrès techniques au XVIIIe siècle

EXERCICE

LES INVENTIONS DU XVIIIe SIÈCLE

CE2
CM1
CM2

Écris le nom de chacune de ces inventions :

montgolfière, machine à vapeur, paratonnerre.

Puis explique à quoi chacune d'elles sert.

1. ....

2. ....

3. ....

EXERCICE

LES PROGRÈS SCIENTIFIQUES ET TECHNIQUES DU XVIIIe SIÈCLE

CE2
CM1
CM2

Parmi les progrès suivants, souligne ceux qui datent du XVIIIe siècle :

1. la construction du premier engin volant
2. la recherche scientifique fondée sur le raisonnement et l'expérimentation
3. la mise au point de la perspective en peinture
4. l'invention du paratonnerre
5. le premier vol en hélicoptère
6. la ligature des artères lors des opérations chirurgicales
7. la mise au point du premier vaccin
8. la mise au point du premier ordinateur
9. la découverte du fait que la Terre tourne autour du Soleil et sur elle-même
10. la fabrication de la première machine à vapeur

EXERCICE — LES PROGRÈS SCIENTIFIQUES ET TECHNIQUES DU XVIIIe SIÈCLE

CE2
CM1
CM2

Complète la frise chronologique du XVIIIe siècle en plaçant les événements suivants :

1. L'invention de la montgolfière en 1783

2. La machine à vapeur de James Watt en 1763

3. La parution de l'*Encyclopédie* de 1751 à 1772

1750 — 1760 — 1770 — 1780 — 1790 — 1800

EXERCICE — L'*ENCYCLOPÉDIE*

CM1
CM2

Fais des recherches et complète la fiche sur l'*Encyclopédie*.

Une encyclopédie est ....

....

....

....

À l'origine, ce mot signifie : ....

....

L'*Encyclopédie* publiée au XVIIIe siècle est sous-titrée :

Dictionnaire raisonné des ....,

des .... *et des* ....

L'*Encyclopédie* comporte .... volumes.

L'*Encyclopédie* a été écrite entre .... et ....

Elle a été réalisée sous la direction de Denis ....

et Jean .... Parmi les auteurs célèbres, on trouve

...., ...

et ....

ENCYCLOPÉDIE
DICTIONNAIRE RAISONNÉ
DES SCIENCES
DES ARTS ET DES MÉTIERS

SÉQUENCE 47

La société française sous la monarchie absolue XVIIIe siècle

EXERCICE

LES TROIS ORDRES DE LA SOCIÉTÉ

CE2 CM1 CM2

Parmi les personnes suivantes, entoure en vert celles qui faisaient partie de la noblesse, en bleu celles qui faisaient partie du clergé et en rouge celles qui faisaient partie du peuple (du tiers état).

CE2 CM1 CM2

Indique par une croix rouge les personnes qui payaient le principal impôt : la taille.

les comtes

les paysans

les religieuses

les artisans

les bergères

les duchesses

les prêtres

les évêques

les soldats

les marchands

EXERCICE

LA MISÈRE DU PEUPLE

CE2 CM1 CM2

Lis le texte et réponds aux questions.

1. Souligne en rouge les passages qui montrent la pauvreté du peuple.

2. Souligne en violet les passages qui permettent à l'auteur de montrer que tout le pays est touché.

3. Souligne en bleu un argument que l'auteur emploie pour faire peur au roi.

4. Souligne en vert le conseil que l'auteur donne au roi.

Votre peuple meurt de faim, la culture des terres est abandonnée, les villes et les campagnes se dépeuplent. Au lieu de tirer de l'argent de ce pauvre peuple, il faudrait lui faire l'aumône et le nourrir. Il est plein de désespoir. La France entière n'est plus qu'un grand hôpital désolé et sans provisions. La révolte s'allume peu à peu.

Fénelon à Louis XIV, vers 1700

LA VIE DES PRIVILÉGIÉS

CE2
CM1
CM2

Dans la liste suivante, souligne les privilèges de la noblesse et du clergé sous la monarchie absolue.

1. Aucun ne payait le principal impôt : la taille.

2. Ils n'obéissaient pas aux mêmes lois que le peuple.

3. Tous menaient une existence luxueuse.

4. Tous exerçaient de hautes fonctions dans l'administration.

5. Tous vivaient à la cour du roi.

6. Certains ne travaillaient pas et menaient une existence oisive.

SÉQUENCE 48 Le mouvement des Lumières XVIIIe siècle

LES PHILOSOPHES DES LUMIÈRES

CM1
CM2

Parmi les philosophes suivants, souligne ceux qui ont vécu à l'époque des Lumières.

1. Voltaire	**3.** Platon	**5.** Montesquieu	**7.** Rousseau
2. Socrate	**4.** Diderot	**6.** Aristote	**8.** Descartes

LES IDÉES DES LUMIÈRES

CE2
CM1
CM2

Parmi les idées suivantes, souligne celles des philosophes des Lumières.

1. Le roi ne doit pas disposer d'un pouvoir absolu.

2. Ce n'est pas le Soleil qui tourne autour de la Terre mais la Terre qui tourne sur elle-même.

3. Il faut créer une société dans laquelle les hommes seront libres et égaux.

4. Il n'est pas normal que certaines personnes bénéficient de privilèges aux dépens des autres.

5. Il faut créer une société dans laquelle les femmes seront libres et égales aux hommes.

6. Les hommes doivent se montrer tolérants entre eux et supporter leurs différences.

LES IDÉES DES LUMIÈRES : LES PRIVILÈGES

CM1
CM2

Explique en quelques phrases le message de cette caricature.

....

....

....

....

....

....

....

....

....

....

LA DIFFUSION DES IDÉES DES LUMIÈRES : LES ÉTATS-UNIS

CM1
CM2

Lis le texte ci-contre.

1. Souligne en vert la phrase qui parle de l'égalité entre les hommes.

2. Souligne en bleu les trois droits fondamentaux des hommes.

3. Souligne en violet la phrase qui explique le droit qu'a un peuple de se révolter contre son gouvernement.

4. Souligne en rouge la phrase qui affirme l'indépendance des colonies américaines.

5. Pourquoi les colonies américaines ont-elles rejeté la domination anglaise ?

Tous les hommes sont créés égaux. Ils ont des droits que nul ne peut leur retirer, parmi lesquels le droit à la vie, le droit à la liberté, le droit de rechercher le bonheur. Pour garantir ces droits, les hommes mettent en place des gouvernements, dont le pouvoir existe parce qu'il leur a été confié. Chaque fois qu'un gouvernement menace les droits des hommes, le peuple a le droit de changer de gouvernement. Lorsque le gouvernement abuse de son pouvoir et cherche à avoir un pouvoir absolu, leur peuple a le droit, il a le devoir de renverser le gouvernement. En conséquence, nous, représentants des États-Unis d'Amérique, affirmons et déclarons solennellement que les colonies unies sont et doivent être des États libres et indépendants.

D'après la Déclaration d'indépendance des États-Unis d'Amérique, 4 juillet 1776.

....

....

....

....

SÉQUENCE 49

La Révolution française 1789

EXERCICE

LE MÉCONTENTEMENT

CE2
CM1
CM2

Dans la liste suivante, souligne les causes du mécontentement en 1789.

1. De mauvaises récoltes avaient appauvri la France.
2. Le peuple voulait avoir le droit de voter aux élections.
3. Le prix du pain avait beaucoup augmenté et le peuple avait du mal à se nourrir.
4. Le peuple voulait vivre à la cour du roi, comme la noblesse.
5. Le peuple en avait assez d'être le seul à payer le principal impôt : la taille.
6. Le peuple en avait assez des privilèges de la noblesse et du clergé.
7. Le peuple ne voulait plus être dirigé par un roi.

EXERCICE

L'ANNÉE 1789

CM1
CM2

Explique en deux ou trois phrases :

1. Pourquoi les députés du tiers état étaient mécontents lors de la réunion des états généraux : ……………………………………………………………

……………………………………………………………

……………………………………………………………

……………………………………………………………

2. Ce qui s'est passé dans la salle du jeu de Paume, le 20 juin 1789 : ……………………………

……………………………………………………………

……………………………………………………………

……………………………………………………………

……………………………………………………………

……………………………………………………………

3. Pourquoi le peuple de Paris a pris la prison de la Bastille le 14 juillet 1789 : ……………………

……………………………………………………………

……………………………………………………………

……………………………………………………………

……………………………………………………………

……………………………………………………………

EXERCICE

L'ANNÉE 1789

CE2
CM1
CM2

Découpe les dessins et remets-les dans l'ordre chronologique.

Louis XVI tenta de rétablir son autorité en rassemblant l'armée.

L'Assemblée nationale vota l'abolition des privilèges.

Les représentants du tiers état s'engagèrent à donner une Constitution à la France.

Le peuple de Paris s'empara de la prison de la Bastille.

Les états généraux se réunirent le 5 mai.

L'Assemblée nationale vota la Déclaration des droits de l'homme et du citoyen.

La révolte se répandit dans toute la France.

Le roi convoqua les états généraux.

Les Français rédigèrent des cahiers de doléances.

EXERCICE

LA DÉCLARATION DES DROITS DE L'HOMME ET DU CITOYEN

CE2
CM1
CM2

Souligne en bleu les phrases qui correspondent à la situation sous la monarchie absolue et en rouge les phrases qui correspondent à la situation voulue par la Déclaration des droits de l'homme et du citoyen de 1789.

1. Seule la Nation peut décider à qui elle veut confier le pouvoir.

2. La loi est la même pour tout le monde.

3. Chacun est libre de dire et d'écrire ce qu'il pense.

4. Les nobles et les membres du clergé ont des privilèges.

5. Le roi a le droit de faire interdire un journal qui le critique.

6. Chacun est libre de pratiquer la religion qu'il veut.

7. Le roi peut jeter en prison quelqu'un qui lui a déplu.

EXERCICE

LA DÉCLARATION DES DROITS DE L'HOMME ET DU CITOYEN

CM1
CM2

Donne un exemple pris dans la vie pour illustrer ces articles de la Déclaration des droits de l'homme et du citoyen de 1789.

Article 1. Les hommes naissent et demeurent libres et égaux en droits : ....

....

....

....

....

Article 4. La liberté consiste à faire tout ce qui ne nuit pas à autrui : ....

....

....

....

....

....

Article 10. Personne ne peut être inquiété pour ses opinions, même religieuses : ....

....

....

....

....

SÉQUENCE 50 **La république 1792**

EXERCICE

VOCABULAIRE

CE2
CM1
CM2

Écris la définition des mots suivants.

1. Une Constitution : ....

....

....

2. Une monarchie constitutionnelle : ....

....

....

3. Une république : ....

....

....

EXERCICE

LA FIN DE LA MONARCHIE ABSOLUE

CM1
CM2

Lis le texte et réponds aux questions en faisant une phrase à chaque fois.

1. À qui le pouvoir appartient-il ?

....

....

2. Quels sont les trois pouvoirs prévus par la Constitution ?

....

....

....

3. Quel pouvoir est confié au roi ?

....

....

4. Qu'est-ce qui a la plus forte autorité dans le pays ?

....

....

La souveraineté appartient à la Nation ; aucune section du peuple, ni aucun individu, ne peut s'en attribuer l'exercice. Le pouvoir législatif est délégué à une Assemblée nationale composée de représentants temporaires, librement élus par le peuple. Le pouvoir exécutif est délégué au roi. Le pouvoir judiciaire est délégué à des juges élus par le peuple. Il n'y a point d'autorité supérieure à celle de la loi. Le roi ne règne que par elle, et ce n'est qu'au nom de la loi qu'il peut exiger l'obéissance.

D'après la Constitution de 1791

EXERCICE

LA FIN DE LA MONARCHIE

CE2
CM1
CM2

Souligne les phrases qui sont exactes.

1. En 1792, la femme et les enfants de Louis XVI furent arrêtés et emprisonnés.

2. Louis XVI eut la tête coupée par un coup de sabre.

3. Les Français pensaient que le roi cherchait à rétablir son pouvoir absolu.

4. Louis XVI eut la tête coupée par la guillotine.

5. Louis XVI fut condamné à mort pour trahison envers la patrie.

6. Les Républicains voulaient exécuter le roi pour l'empêcher de revenir au pouvoir.

EXERCICE

DE LA MONARCHIE À LA RÉPUBLIQUE

CE2
CM1
CM2

Complète la frise chronologique.

1. Colorie en vert la période de la monarchie absolue, en jaune la période de la Révolution et de la monarchie constitutionnelle et en orange le début de la République.

2. Indique l'exécution de Louis XVI par un point.

3. Établis une légende.

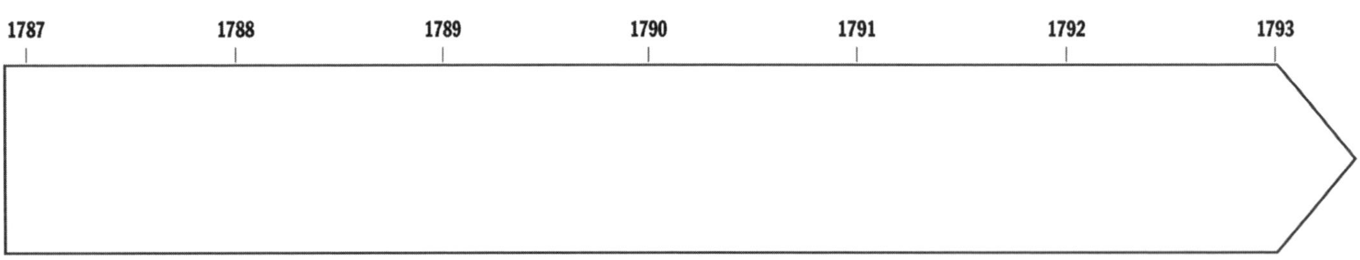

EXERCICE

LES GUERRES DE LA RÉVOLUTION

CM1
CM2

Nomme :

1. deux pays en guerre contre la France pendant la Révolution : ……………………………………

……………………………………………………………………………………

2. une raison pour laquelle certaines monarchies européennes voulaient arrêter la Révolution en France : ……………………………………

……………………………………………………………………………………

3. une région de France en révolte contre la Révolution : ……………………………………

LES FEMMES SOUS LA RÉVOLUTION

EXERCICE

CM1
CM2

Explique ces phrases d'Olympe de Gouges (1791) :

« La Femme naît libre et demeure égale de l'Homme en droits. L'exercice des droits naturels des femmes n'a de limites que le pouvoir que les hommes lui opposent ; ces limites doivent être modifiées. »

LES FEMMES SOUS LA RÉVOLUTION

EXERCICE

CE2
CM1
CM2

Lis le texte et réponds aux questions en faisant une phrase à chaque fois.

Nous, les femmes, devons travailler, obéir et nous taire. Nous croyons qu'il est juste de permettre aux femmes de faire entendre leurs doléances au roi. Qu'il est juste qu'elles puissent voter, puisqu'elles sont obligées, comme les hommes, de payer des impôts. Puisque les représentants doivent avoir les mêmes intérêts que les représentés, un homme ne peut représenter les femmes : les femmes ne pourraient donc être représentées que par des femmes.

D'après un cahier de doléances de 1789

1. En 1789, quelle inégalité existait entre les hommes et les femmes ?

----

2. Quel est l'argument utilisé pour demander le droit de vote pour les femmes ?

----

3. Quel est l'argument utilisé pour demander que des femmes puissent être élues ?

SÉQUENCE 51

La Terreur 1793-1794

EXERCICE

LA DICTATURE DE LA TERREUR

CE2
CM1
CM2

Souligne les phrases qui sont exactes à propos de la Terreur.

1. Les royalistes ont instauré un régime de dictature.

2. La Terreur était dirigée par Robespierre et Saint-Just.

3. La Terreur a permis de développer les libertés.

4. La Terreur a réprimé de manière sanglante les insurrections dans l'ouest de la France.

5. La Terreur s'est terminée avec la mort de Robespierre.

6. La Terreur était animée par des révolutionnaires appelés les « Forestiers ».

7. La Terreur a provoqué la mort de 700 000 personnes.

8. Les responsables de la Terreur ont fait exécuter les révolutionnaires modérés.

EXERCICE

LA VIE QUOTIDIENNE SOUS LA TERREUR

CE2
CM1
CM2

Lis le texte et réponds aux questions.

> Le mot « vous » est contre le droit de l'égalité. Ce mot n'a été créé que pour la féodalité. Le mot « toi » est le seul dont les hommes libres doivent se servir. Ils doivent se traiter comme des frères, se tutoyer et s'appeler « citoyen » et plus jamais « monsieur ».
>
> **D'après le Règlement de la société populaire de Sceaux, 1792**

1. Pourquoi les révolutionnaires ne voulaient-ils pas que l'on emploie le vouvoiement ?

----

2. Que fallait-il dire à la place de « monsieur » ?

----

3. Réécris chacune des phrases suivantes en respectant les consignes de la Révolution.

– Monsieur, s'il vous plaît, donnez-moi du pain :

– Monsieur, pourriez-vous me laisser passer ?

– Madame, pouvez-vous corriger mon exercice ?

LA GUILLOTINE

CM1
CM2

Fais des recherches et réponds aux questions en faisant une phrase à chaque fois.

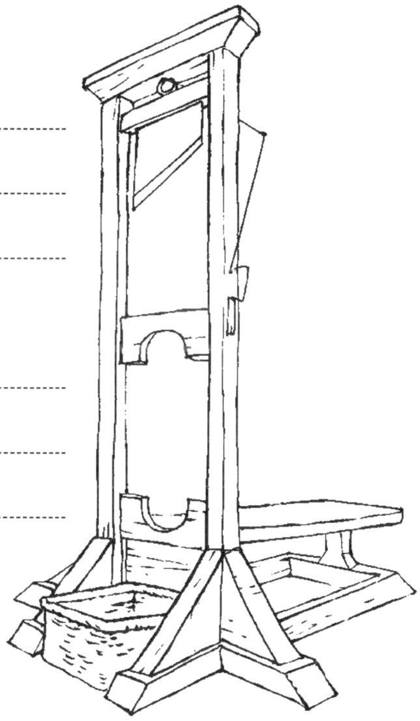

1. À quoi la guillotine servait-elle ? ....

....

....

2. D'où son nom lui vient-il ? ....

....

....

3. Comment fonctionnait-elle ? ....

....

....

....

CM1
CM2

Fais des recherches et réponds aux questions en faisant une phrase à chaque fois.

4. En quelle année et sous quel président de la République la peine de mort a-t-elle été abolie en France ?

....

....

....

LES HOMMES DE LA RÉVOLUTION

CM1
CM2

Fais des recherches et trouve quel personnage correspond à chaque phrase :

Robespierre, Saint-Just, Marat, Danton, Desmoulins.

1. Il a été assassiné par Charlotte Corday : ....

2. Ils ont dirigé le Comité de Salut public :

– ....

– ....

3. Parce qu'ils étaient des révolutionnaires modérés, la Terreur les a fait guillotiner :

– ....

– ....

EXERCICE

ROBESPIERRE

CE2
CM1
CM2

Fais des recherches et complète la fiche biographique de Robespierre.

M.................................. de R..

Né en .... Mort en ....

Métier : ....

Homme politique français, chef des ....

En 1789, il a été élu député du ....

À partir de ...., il a dirigé la Terreur.

Il a été arrêté et exécuté sur la ....

EXERCICE

DE LA MONARCHIE À LA TERREUR

CE2
CM1
CM2

Complète la frise chronologique.

1. Colorie en vert la période de la monarchie absolue.

2. Colorie en jaune la période de la Révolution et de la monarchie constitutionnelle.

3. Colorie en orange le début de la République.

4. Colorie en rouge la période de la Terreur.

5. Établis une légende pour expliquer les couleurs utilisées.

1787 1788 1789 1790 1791 1792 1793 1794

SÉQUENCE 52

Napoléon et l'Empire 1799-1815

EXERCICE

NAPOLÉON BONAPARTE

CE2
CM1
CM2

Fais des recherches et complète le texte en choisissant parmi :

– ces lieux : *Corse, Sainte-Hélène, Italie, Égypte*

– ces dates : *18 brumaire (1799), 1821, 1769, 1804*

– ces titres : *empereur, général, consul.*

1. Napoléon Bonaparte est né en août .... dans une île : la ....

2. En 1793, il devint ....

3. En 1797, il commanda l'armée qui combattait en ....

4. En 1798, il conduisit la campagne militaire en ....

5. Le ...., il prit le pouvoir par un coup d'État et fut nommé ....

6. Il prit le contrôle du pays et, en ...., il se fit sacrer ....

7. En 1815, il fut exilé sur l'île de ...., où il mourut en ....

EXERCICE

NAPOLÉON BONAPARTE

CE2
CM1
CM2

Fais des recherches et complète la fiche biographique de Napoléon.

N.. B..

Né en .... dans une île : la ....

Mort en ....

Métier : ....

Il était général lors des campagnes militaires en

.... (1797) et en .... (1798)

Il a pris le pouvoir lors d'un coup d'État le ....

....

et fut nommé .... Il s'est fait sacrer empereur en ....

Il a été vaincu à .... en .... et a été exilé

sur l'île de .... où il est resté jusqu'à sa mort.

LE COUP D'ÉTAT PUIS L'EMPIRE

CE2
CM1
CM2

Complète la frise chronologique.

1. Colorie en vert la période de la monarchie absolue (jusqu'en 1789).

2. Colorie en jaune la période de la Révolution et de la République (jusqu'en 1799).

3. Colorie en bleu la période napoléonienne (jusqu'en 1815).

4. Place les dates de la prise de la Bastille et du coup d'État du 18 Brumaire (1799).

5. Établis une légende pour expliquer les couleurs utilisées.

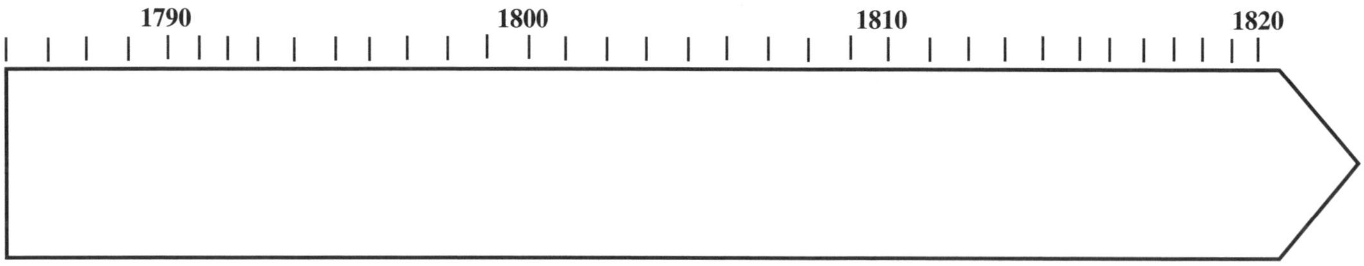

LES INSIGNES DU POUVOIR IMPÉRIAL

CE2
CM1
CM2

Relie chaque mot à l'élément correspondant sur le portrait de Napoléon.

1. le collier de la Légion d'honneur

2. le manteau rouge et blanc

3. le sceptre

4. la couronne de laurier

5. la main de justice

EXERCICE

LES INSIGNES DU POUVOIR ROYAL ET DU POUVOIR IMPÉRIAL

CE2
CM1
CM2

Complète ces deux portraits puis réponds aux questions.

1. Complète le manteau de Louis XIV : bleu avec des fleurs de lys dorées.

2. Complète le manteau de Napoléon : rouge avec des petits N dorés.

3. Colorie en orange la couronne de Louis XVI, la couronne de laurier de Napoléon, ainsi que leurs sceptres, leurs épées, le collier de la noblesse de Louis XIV et le collier de la Légion d'honneur de Napoléon.

4. Écris le nom de chaque souverain sous son portrait.

-- --

EXERCICE

NAPOLÉON ET LES ACQUIS DE LA RÉVOLUTION

CM1
CM2

Souligne en rouge les actions de Napoléon Bonaparte qui vont dans le sens de Révolution et en bleu celles qui marquent un recul par rapport à la Révolution.

1. Napoléon Bonaparte a dirigé la France en maître absolu.

2. Le 2 décembre 1804, il a été sacré empereur sous le nom de Napoléon Ier.

3. Il a fait réviser et rassembler les lois françaises dans le Code civil pour qu'elles soient les mêmes pour tous.

4. Il a organisé l'administration en la confiant à des fonctionnaires qui n'étaient pas tous choisis parmi les nobles.

5. Il a fait interdire les journaux qui le critiquaient.

6. Il a créé une noblesse impériale.

SÉQUENCE 53

Les guerres de l'Empire 1799-1815

EXERCICE

LA GRANDE ARMÉE

CE2
CM1
CM2

Lis le texte ci-contre.

1. Souligne en bleu les trois types de soldats nommés dans ce texte.

2. Souligne en rouge les mots et les passages qui montrent les sentiments des soldats pour l'empereur.

3. Souligne en vert les passages qui montrent ce que l'Empereur a fait ou pensé.

Fais des recherches et explique pourquoi les soldats de la Grande Armée étaient appelés les Grognards.

1er décembre 1805. L'Empereur vint à notre bivouac. On le suivit avec des torches allumées pour éclairer sa marche. Sa visite se prolongeant, le nombre de torches augmenta ; on le suivit en criant : « Vive l'Empereur ». Ces cris d'amour et d'enthousiasme se propagèrent dans toutes les directions ; tous les soldats, sous-officiers et officiers se munirent de flambeaux, en sorte qu'en moins d'un quart d'heure, toute l'armée en avait fait autant. Ce fut un embrasement général, un mouvement d'enthousiasme si soudain que l'Empereur dut en être ébloui.

D'après J. B. Barrès, 1835.

EXERCICE

LES VICTOIRES PUIS LES DÉFAITES DE L'EMPIRE

CE2
CM1
CM2

Complète la frise chronologique.

1. Colorie en vert la période des principales victoires de l'Empire.

2. Colorie en rouge la période des défaites de l'Empire.

3. Place les batailles suivantes (mets un point vert pour les victoires et un point rouge pour les défaites) : *Austerlitz, Iéna, Friedland, Wagram, Russie, Waterloo.*

4. Établis une légende.

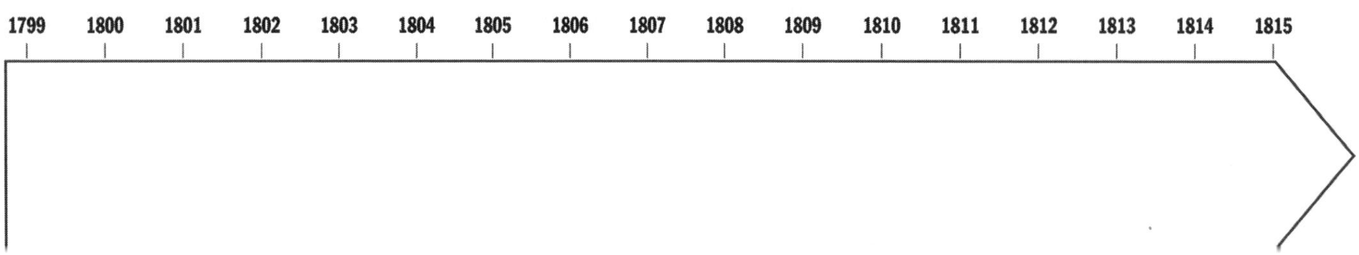

EXERCICE

LES VICTOIRES PUIS LES DÉFAITES DE L'EMPIRE

CE2
CM1
CM2

Complète la carte.

1. Colorie en bleu foncé la France en 1802 (n'oublie pas la Corse).

2. Colorie en bleu clair les pays conquis ou dominés par l'Empire.

3. Colorie en vert les victoires et en rouge les défaites, et écris leur nom :
Austerlitz, Moscou, Friedland, Iéna, Trafalgar, Wagram, Waterloo.

4. Trace en rouge le chemin parcouru pendant la campagne de Russie (aller et retour).

5. Complète la légende et donne un titre à la carte.

TITRE :

Territoire français en 1802

Pays conquis ou dominés par l'Empire

Campagne de Russie

Victoire française

Défaite française

SÉQUENCE 54

L'héritage de la Révolution

EXERCICE

LE SYSTÈME MÉTRIQUE

CM1
CM2

Parmi ces mesures, souligne celles qui font partie du système métrique mis en place pendant la Révolution.

1. le mètre
2. le gramme
3. l'arpent
4. la livre
5. le stère
6. le pied
7. le pouce
8. le franc
9. le litre
10. la pinte
11. l'are
12. la toise

EXERCICE

LES HÉRITAGES DE LA RÉVOLUTION FRANÇAISE

CE2
CM1
CM2

Souligne les héritages de la Révolution française.

1. la Déclaration des droits de l'homme et du citoyen
2. le Code civil
3. le système métrique
4. le mariage
5. la Légion d'honneur
6. la monnaie unique européenne
7. le découpage de la France en départements
8. l'état civil

EXERCICE

LES HÉRITAGES DE LA RÉVOLUTION FRANÇAISE

CE2
CM1
CM2

Choisis une réalisation de la Révolution française et explique en quoi elle est importante pour nous, de nos jours.

....

....

....

....

....

....

5 Le XIXe siècle de 1815 à 1914

SÉQUENCE 55 L'expansion industrielle et la naissance du capitalisme

EXERCICE VOCABULAIRE : L'EXPANSION INDUSTRIELLE

CE2
CM1
CM2

Explique avec tes propres mots :

1. l'industrialisation : ....

....

....

2. le travail à la chaîne : ....

....

....

EXERCICE LA MACHINE À VAPEUR

CM1
CM2

Complète cette reconstitution d'une machine à vapeur en reliant chaque légende à l'élément qui correspond sur le dessin.

1. chaudière **3.** régulateur de watt **5.** piston **7.** bielle

2. roue **4.** cylindre **6.** graisseur

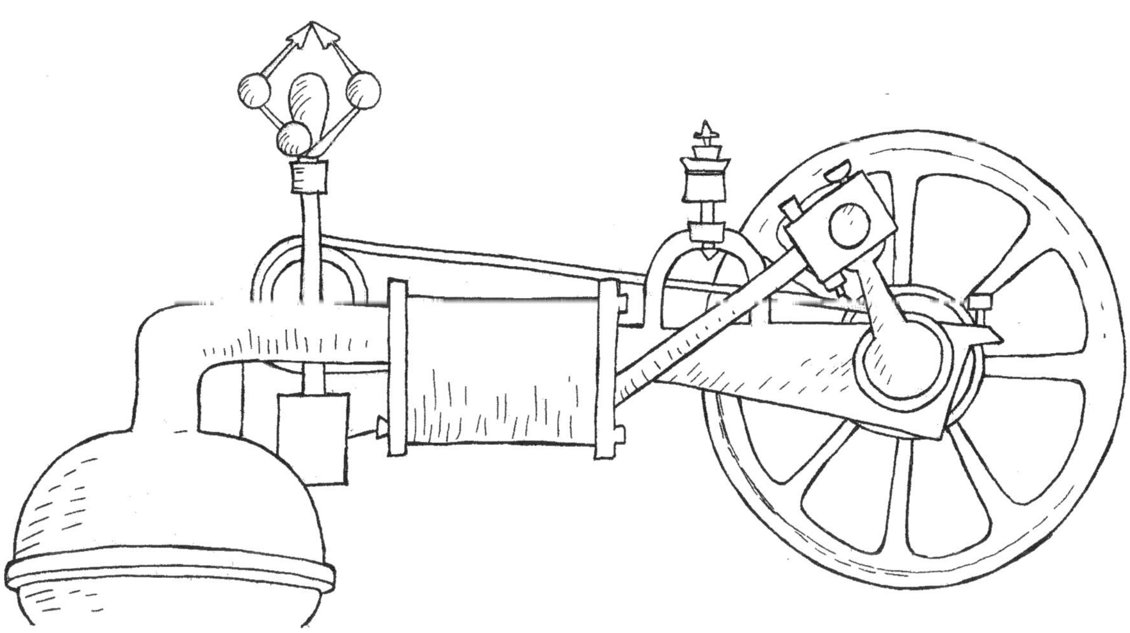

EXERCICE

L'EXPANSION INDUSTRIELLE

CM1
CM2

Colorie ou entoure les activités qui ont été mises au point au XIXe siècle.

1. l'industrie textile

2. les centrales nucléaires

3. l'industrie métallurgique

4. l'industrie aérospatiale

5. l'imprimerie

6. l'artisanat du cuir

7. l'industrie électronique

8. l'exploitation industrielle des mines de charbon

9. l'exploitation industrielle du pétrole

EXERCICE

LES LIEUX DE L'EXPANSION INDUSTRIELLE

CM1
CM2

Souligne le nom des pays et des régions qui ont été les premiers industrialisés au XIXe siècle.

1. Royaume-Uni
2. Est des États-Unis
3. Est de la France
4. Russie
5. Allemagne
6. Nord de la France
7. Espagne
8. Italie
9. Sud de la France

VOCABULAIRE : LA NAISSANCE DU CAPITALISME

CM1
CM2

Explique avec tes propres mots :

1. une action : ……………………………………………………………

……………………………………………………………

……………………………………………………………

2. un capital : ……………………………………………………………

……………………………………………………………

……………………………………………………………

3. l'épargne : ……………………………………………………………

……………………………………………………………

……………………………………………………………

4. le capitalisme : ……………………………………………………………

……………………………………………………………

……………………………………………………………

SÉQUENCE 56 La révolution des transports

DE NOUVEAUX MOYENS DE TRANSPORT

CE2
CM1
CM2

Relie chaque événement et chaque invention à la date correspondante sur la frise chronologique.

1. ouverture de la première ligne de chemin de fer

2. décollage de l'avion de Clément Ader

3. traversée de la Manche en avion par Louis Blériot

1780 1790 1800 1810 1820 1830 1840 1850 1860 1870 1880 1890 1900 1910

1783 1825 1886 1890 1903 1909

4. premier vol du ballon des frères Montgolfier

5. mise au point de la première automobile par Daimler

6. premier vol en avion des frères Wright

EXERCICE

DE NOUVEAUX MOYENS DE TRANSPORT

CE2
CM1
CM2

Colorie ou entoure les moyens de transports inventés entre 1800 et 1914.

1. l'automobile

2. l'avion

3. le métro

4. le bateau à moteur

5. l'autobus

6. la navette spatiale

7. le train

8. l'omnibus

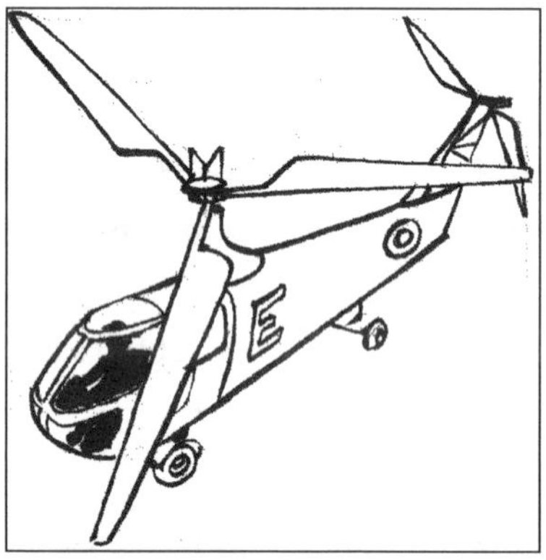

9. l'hélicoptère

10. la moto

11. le TGV

12. la bicyclette

SÉQUENCE 57

Les autres progrès scientifiques et techniques

EXERCICE

LES INVENTIONS ET LES DÉCOUVERTES DU XIXᵉ SIÈCLE

CE2
CM1
CM2

Relie chaque découverte ou invention à la date correspondant sur la frise chronologique puis écris sous chacune le nom de son ou ses inventeurs, en choisissant dans la liste : *Marie et Pierre Curie, Marconi, Niépce, Edison, les frères Lumière, Pasteur, Graham Bell, Branly, Morse.*

1. télégraphe : ....

2. téléphone : ....

3. cinématographe : ....

4. radium : ....

1800 – 1810 – 1820 – 1830 – 1840 – 1850 – 1860 – 1870 – 1880 – 1890 – 1900 – 1910

1824 1837 1839 1876 1878 1885 1895 1898 1899

5. photographie : ....

6. ampoule électrique : ....

7. vaccin contre la rage : ....

8. TSF (radio) : ....

EXERCICE

MARIE CURIE

CE2
CM1
CM2

Fais des recherches et complète la fiche sur Marie Curie.

M.................... C....................

Née en .... Morte en ....

Nationalité de naissance : ....

Métier : ....

Elle a travaillé avec son mari : ....

Elle a étudié la radio.....................................

Elle a été la première femme professeur à La S.....................................

Elle a reçu le prix Nobel en .... et en ....

Ses cendres ont été transférées au ....

EXERCICE PASTEUR

CE2
CM1
CM2

Fais des recherches et complète la fiche sur Louis Pasteur.

L.................................. P..................................

Né en .... Mort en ....

Métier : ....

Pasteur a démontré que la génération ....

.... n'existe pas :

des êtres vivants, même minuscules, ne peuvent pas apparaître à partir de rien.

Il a prouvé que le manque d'.. est

responsable de nombreuses maladies et a mis au point un procédé pour conserver

les aliments : la ...., qui consiste à ....

ces aliments pour tuer les germes. En 1885, Pasteur a mis au point le vaccin contre

la .... et a sauvé la vie du petit .... Meister,

qui avait été mordu par un chien.

EXERCICE GUSTAVE EIFFEL

CE2
CM1
CM2

Fais des recherches et complète la fiche sur Gustave Eiffel.

G.................................. E..................................

Né en .... Mort en ....

Métier : ....

Il s'est spécialisé dans les constructions métalliques,

parmi lesquelles le viaduc de ....

et surtout la célèbre .... à Paris,

achevée en .... et haute de .... mètres.

EXERCICE — LES INVENTIONS DU XIXe SIÈCLE

CE2
CM1
CM2

Colorie ou entoure les découvertes et les inventions réalisées entre 1800 et 1914.

1. le téléphone

2. l'ordinateur

3. le télégraphe

4. l'ampoule électrique

5. le téléphone mobile

6. la télévision

7. la photographie

8. le cinéma

9. la TSF

EXERCICE — LES INVENTEURS ET LES DÉCOUVREURS DU XIXe SIÈCLE

CE2
CM1
CM2

Relie chaque inventeur ou découvreur à son invention ou à sa découverte.

Thomas Edison •	• le cinéma
Louis Pasteur •	• le téléphone
Marie et Pierre Curie •	• l'ampoule électrique
Nicéphore Niépce •	• la photographie
Louis et Auguste Lumière •	• le vaccin contre la rage
Samuel Morse •	• le télégraphe
Guglielmo Marconi et Édouard Branly •	• la radioactivité
Graham Bell •	• la TSF (transmission sans fil)

SÉQUENCE 58 L'essor du monde urbain

EXERCICE VOCABULAIRE

CE2
CM1
CM2

Écris la définition des mots suivants.

1. l'exode rural : ……………………………………………………

……………………………………………………

……………………………………………………

2. la croisance démographique : ……………………………………………………

……………………………………………………

……………………………………………………

3. l'urbanisation : ……………………………………………………

……………………………………………………

……………………………………………………

EXERCICE L'EXODE RURAL ET L'EXPANSION DES VILLES

CM2

Complète le schéma avec les expressions suivantes :

augmentation de la population, croissance urbaine, manque de terres à cultiver, moins de travail

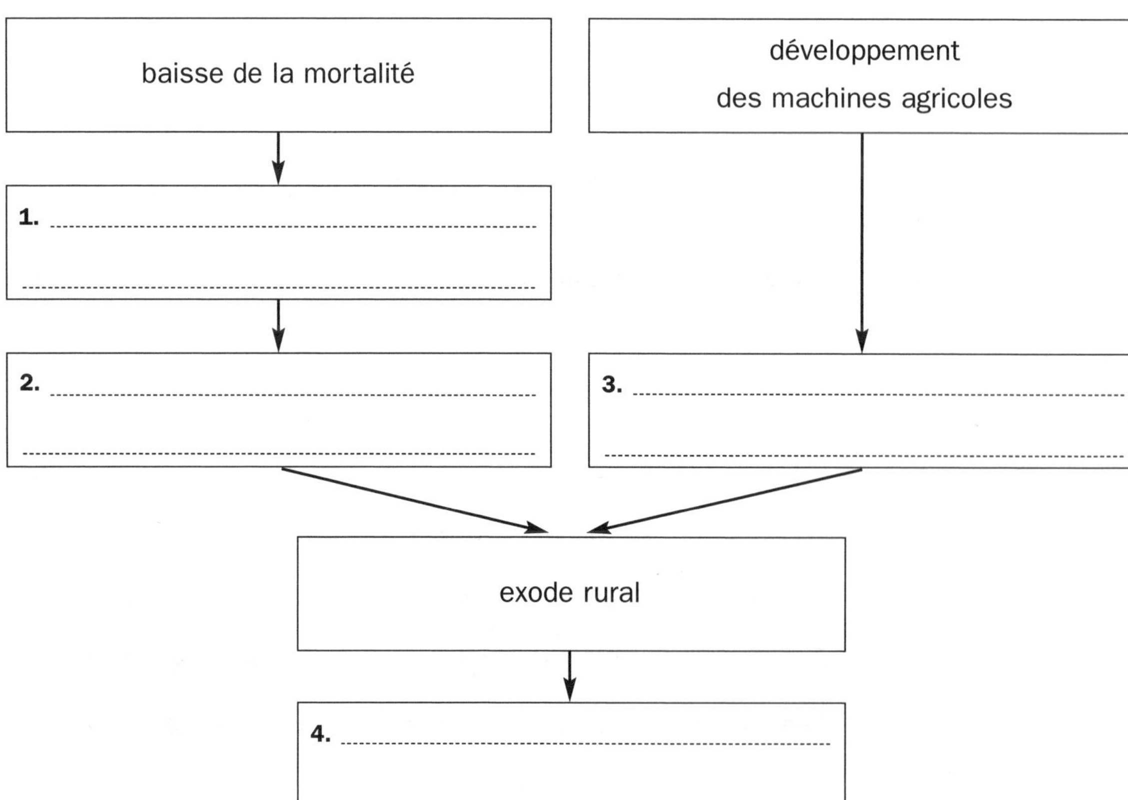

EXERCICE

LES TRANSFORMATIONS DE PARIS

CE2
CM1
CM2

Parmi ces monuments de Paris, colorie ou entoure ceux qui datent du XIXe siècle.

1. La tour Eiffel

2. L'Hôtel de Ville

3. L'Opéra Garnier

4. La gare d'Orsay

5. L'opéra Bastille

6. La gare de Lyon

7. La pyramide du Louvre

8. Le palais du Louvre

9. L'Arc de Triomphe

10. Le centre Georges Pompidou

11. Le Trocadéro

12. La cathédrale Notre-Dame de Paris

SÉQUENCE 59

Le monde ouvrier

LES GENS DU PEUPLE

CE2
CM1
CM2

Colorie ou entoure les personnes qui faisaient partie du peuple au XIXe siècle.

ouvrier — instituteur — paysan — médecin — domestique — boulanger — bonne

LA VIE QUOTIDIENNE DES OUVRIERS

CM1
CM2

Calcule le budget de cette famille ouvrière pour une semaine en 1848.

1. Calcule le revenu :

Salaire du mari (.................. x 7 jours) + salaire de la femme (0,10 x 7 jours) = ... F

2. Calcule les dépenses :

Pain : .... F

Viande : 3 x .... = ... F

Beurre : .... F

Mélasse et fruits : .... F

Pommes de terre et haricots : .... F

Lait : 7 x .... = ... F

Loyer : .... F

Charbon : .... F

Savon et éclairage : .... F

Total = ... F

3. Calcule la différence entre le revenu et les dépenses : .... F

> Je suis chevilleur, je gagne 2 F par jour. Ma femme est dentellière et gagne 10 centimes* par jour. J'ai quatre enfants. On mange 24 kg de pain bis par semaine, à 22 centimes le kg. La viande est trop chère ; nous ne mangeons que des débris trois fois par semaine à 25 centimes. Il n'y a que moi qui mange du beurre à raison de 250 g par semaine (2 F le kg). Ma femme et mes enfants mangent des fruits ou de la mélasse avec leur pain : 80 centimes. Nous consommons des pommes de terre et des haricots pour 1 F. Du lait : une demi-pinte par jour à 35 centimes. Le loyer d'une cave à 3 mètres sous le sol : 1,50 F Du charbon, cette consommation est un peu forte, parce qu'il faut faire sécher le linge au feu : 1,35 par semaine. Savon et éclairage : 1,10.
>
> **Témoignage cité par Auguste Blanqui, 1848**
>
> 1 franc valait 100 centimes.

4. Que peux-tu en déduire sur la situation de cette famille ?

....

....

EXERCICE

LE TRAVAIL ET LA VIE QUOTIDIENNE DES OUVRIERS

CE2
CM1
CM2

Souligne les propositions qui correspondent à la vie quotidienne des familles d'ouvriers au XIXe siècle.

1. Les ouvriers touchaient de maigres salaires.

2. Les enfants des ouvriers devaient travailler pour que la famille ait de quoi manger.

3. Les ouvriers n'avaient le droit qu'à une semaine de vacances par an.

4. Les ouvriers ne travaillaient pas plus de dix heures par jour.

5. Le travail dans les usines était pénible et la discipline sévère.

6. Les patrons renvoyaient les ouvriers qui se plaignaient de leurs conditions de travail.

7. La police arrêtait les ouvriers qui faisaient grève ou qui manifestaient.

8. Les ouvriers vivaient dans de petites maisons avec de minuscules jardins.

9. En cas de maladie, les ouvriers ne touchaient plus d'argent et sombraient dans la misère.

10. Les ouvriers faisaient trois repas par jour, et mangeaient de la viande à midi.

11. Le manque d'hygiène et la mauvaise alimentation faisaient qu'ils étaient souvent malades.

12. Les ouvriers touchaient une maigre retraite quand ils devenaient trop vieux pour travailler.

EXERCICE

LE TRAVAIL ET LA VIE QUOTIDIENNE DES OUVRIERS

CM2

Décris les conditions de travail et de vie des ouvriers au XIXe siècle :

1. Les ouvriers habitaient ....

....

....

2. Ils mangeaient ....

....

....

3. En cas de chômage, ...

....

....

4. Quand ils devenaient trop vieux pour travailler, ...

....

....

SÉQUENCE 60

La bourgeoisie

EXERCICE

LA GRANDE ET LA PETITE BOURGEOISIE

CE2
CM1
CM2

Parmi les personnes suivantes, entoure en vert celles qui faisaient partie de la grande bourgeoisie et en bleu celles qui faisaient partie de la petite et moyenne bourgeoisie.

banquier instituteur industriel médecin ministre employé juge

EXERCICE

LE GOÛT DU TRAVAIL

CE2
CM1
CM2

Lis le texte et réponds aux questions en faisant une phrase à chaque fois.

1. Combien de fois dans ce texte cet industriel emploie-t-il le mot *travail* ou un mot de la même famille ?

---

2. Combien d'heures par jour cet industriel travaille-t-il ?

---

3. Explique la phrase : « Si je me laissais entraîner à me balader, nous serions bien vite réduits à zéro. »

Toute la vie consiste à savoir travailler pendant de longues heures et à se distraire de loin en loin, toujours honorablement. Si je me laissais entraîner à me balader, nous serions bien vite réduits à zéro. Mon cher fils, nous avons toujours connu le travail. Mes grands-parents ont toujours été dans les affaires. Mon père a travaillé et moi-même je travaille. Trois fois au moins par semaine, je suis à l'usine à cinq heures et demie du matin. Je la quitte le soir à sept heures et demie et je me couche à neuf heures et quart.

D'après la lettre d'un industriel à son fils, XIXe siècle

EXERCICE — LA VIE QUOTIDIENNE DE LA BOURGEOISIE

CM1
CM2

Calcule le budget hebdomadaire d'une famille bourgeoise en France vers 1900.

1. **Calcule le revenu :** 35 000 F par an soit par semaine .... F

2. **Calcule les dépenses :**

Nourriture : 8 500 F par an soit par semaine .... F

Habitation, chauffage, éclairage : 5 500 F par an soit par semaine .... F

Vêtements : 4 500 F par an soit par semaine .... F

Hygiène et santé : 1 800 F par an soit par semaine .... F

Salaires des domestiques : 5 000 F par an soit par semaine .... F

Autres dépenses (voiture, loisirs...) : 4 700 F par an soit par semaine .... F

Total des dépenses par semaine .... F

3. **Calcule la différence** entre le revenu et les dépenses : par semaine .... F

4. **Que peux-tu en déduire** sur la situation de cette famille ?

....

....

....

EXERCICE — LE TRAVAIL ET LA VIE QUOTIDIENNE DE LA BOURGEOISIE

CE2
CM1
CM2

Parmi ces propositions, souligne celles qui correspondent à la vie quotidienne des familles de la bourgeoisie au XIXe siècle.

1. La valeur essentielle de la bourgeoisie était la réussite fondée sur le travail et l'épargne.

2. La valeur essentielle de la bourgeoisie était le temps libre et les loisirs.

3. Les familles de la grande bourgeoisie habitaient dans des hôtels particuliers.

4. Les familles de la grande bourgeoisie habitaient dans des fermes à la campagne.

5. Les familles de la grande bourgeoisie employaient des domestiques.

6. Les familles de la bourgeoisie avaient un meilleur niveau de vie que les familles d'ouvriers.

7. Une partie de la bourgeoisie vivait dans la misère.

8. Les familles bourgeoises faisaient faire de bonnes études à leurs fils pour qu'ils aient une bonne situation.

SÉQUENCE 61 Les luttes sociales au XIXe siècle

EXERCICE VOCABULAIRE

CE2
CM1
CM2

Explique avec tes propres mots ce que sont:

1. un syndicat: ....

....

....

2. un parti politique: ....

....

....

3. une grève: ....

....

....

4. une manifestation: ....

....

....

EXERCICE JEAN JAURÈS

CE2
CM1
CM2

Fais des recherches et complète la fiche sur Jean Jaurès.

J.................................... J....................................

Né en .... Mort en ....

Métier: ....

Il a milité dans le parti ....

puis dans le parti ....

Il a été élu député pour la première fois en .... et a cherché à améliorer le sort des ....

Il a fondé le quotidien .... qui existe toujours.

En 1914, il a tenté d'empêcher la .... contre les Allemands mais il a été .... par un partisan de la guerre.

LES PROGRÈS SOCIAUX

CM1
CM2

Fais des recherches et complète le tableau des progrès sociaux réalisés depuis le XIXe siècle.

	Au XIXe siècle	Date de la 1re 1re loi d'évolution	De nos jours
Temps de travail par jour	12 à 15 heures	plusieurs lois	....
Nombre de jours de travail dans la semaine	....	19................	....
Nombre de semaines de vacances par an	....	1936	....
Travail des enfants	autorisé	18................	....
Droit de grève	non	18................	oui
Droit de créer des syndicats	non	18................	....
Système de retraite	non	19................	....
Allocation chômage	non	plusieurs lois	....

LES PROGRÈS SOCIAUX

CE2
CM1
CM2

Lis le texte.

1. Souligne en rouge les progrès de la condition ouvrière réalisés au XIXe siècle.

2. Souligne en bleu les passages du texte qui indiquent les limites dans ces progrès.

Le travailleur, misérable au commencement du siècle, a vu sa condition matérielle notablement améliorée. Son budget offre aujourd'hui beaucoup plus d'élasticité et lui apporte un bien-être modeste, certes, mais jadis inconnu. Si le progrès n'a pas uniformément répandu ses bienfaits, tous les travailleurs en profitent plus ou moins. En 1840, la durée de travail effectif était de 13 heures par jour. En 1900, elle est descendue à dix heures et demie en moyenne, même si certains établissements atteignent ou dépassent le maximum légal de 12 heures.

D'après A. Picard, ministère français du Travail, 1900

EXERCICE

L'ACTION DES SYNDICATS ET LES PROGRÈS SOCIAUX

CM1
CM2

Réponds aux questions pour expliquer cette affiche de 1910.

CONFÉDÉRATION GÉNÉRALE DU TRAVAIL

RÉDUISONS LES HEURES DE TRAVAIL

LES LONGUES JOURNÉES
amènent les bas salaires
provoquent le chômage
engendrent la tuberculose
réduisent à la misère
poussent à l' alcoolisme
ELLES RENDENT LA FAMILLE MALHEUREUSE

LES COURTES JOURNÉES
amènent les hauts salaires
diminuent le chômage
sauvegardent la santé
assurent le bien-être
permettent de se constituer un foyer
ELLES RENDENT LA FAMILLE HEUREUSE

1. Explique avec tes propres mots ce que sont :

– les bas salaires : ....

....

....

– le chômage : ....

....

....

– la tuberculose : ....

....

– l'alcoolisme : ....

....

....

2. Décris la situation de la famille à gauche, alors que le père effectue de longues journées de travail (plus de 12 heures par jour) (fais une phrase à chaque fois) :

– Quelle est l'allure du père ? ....

– Où va-t-il après son travail ? ....

– Comment est la vie de famille ? ....

3. Décris la situation de la famille à droite, alors que le père effectue de courtes journées de travail (fais une phrase à chaque fois) :

– Quelle est l'allure du père ? ....

– Où est-il allé après son travail ? ....

– Comment est la vie de famille ? ....

4. Explique en quelques phrases le message que cette affiche cherche à faire passer.

EXERCICE

LE TRAVAIL DES ENFANTS

CE2
CM1
CM2

Lis le texte et réponds aux questions en faisant une phrase à chaque fois.

1. Quel âge minimum la loi de 1841 fixe-t-elle pour le travail des enfants ? ....

....

....

2. Pourquoi est-il important d'empêcher le travail des enfants ?

....

....

....

3. Quelle durée maximum de travail la loi de 1841 fixe-t-elle pour les enfants de 8 à 12 ans ? ....

....

....

et pour les enfants de 12 à 16 ans ? ....

....

....

Art. 2. Les enfants devront, pour être admis dans une usine, avoir au moins 8 ans. De 8 à 12 ans, ils ne pourront être employés plus de 8 heures sur 24. De 12 à 16 ans, ils ne pourront être employés plus de 12 heures sur 24.

Art. 3. Tout travail de nuit est interdit pour les enfants au-dessous de 13 ans.

Art. 4. Les enfants au-dessous de 16 ans ne pourront être employés les dimanches et jours de fêtes.

Art. 5. Tout enfant admis devra, jusqu'à 12 ans, aller dans une école.

D'après la loi française de 1841 sur le travail des enfants

CE2
CM1
CM2

Fais des recherches et réponds aux questions en faisant une phrase à chaque fois.

4. Quel est, en France, de nos jours, l'âge minimum pour travailler : ....

....

....

5. Que dit la Convention internationale des droits de l'enfant à propos du travail des enfants ? ....

....

....

....

6. Nomme deux pays dans lesquels le travail des enfants n'est pas interdit :

– ....

– ....

SÉQUENCE 62

En marche vers la République 1815-1870

EXERCICE

VOCABULAIRE

CE2
CM1
CM2

Explique avec tes propres mots ce que sont :

1. une monarchie : ……………………………………………………

……………………………………………………

……………………………………………………

2. un empire : ……………………………………………………

……………………………………………………

……………………………………………………

3. une république : ……………………………………………………

……………………………………………………

……………………………………………………

4. un coup d'État : ……………………………………………………

……………………………………………………

……………………………………………………

EXERCICE

LES RÉGIMES POLITIQUES EN FRANCE AU XIXe SIÈCLE

CM1
CM2

Fais des recherches et relie chaque personnage au(x) régime(s) politique(s) correspondant(s).

Napoléon Bonaparte/Napoléon Ier •	
Louis-Napoléon Bonaparte Napoléon III •	• Première République
Charles X •	• Deuxième République
Louis-Philippe •	• Troisième République
Gambetta •	• Premier Empire
Louis XVIII •	• Second Empire
Jules Ferry •	• Monarchie
Clemenceau •	

LES RÉGIMES POLITIQUES EN FRANCE AU XIXe SIÈCLE

CE2
CM1
CM2

Complète la frise chronologique.

1. Colorie en bleu les périodes pendant lesquelles la France a été un empire (1804-1815 et 1852-1870), en jaune la période pendant laquelle elle a été une monarchie (1815-1848) et en rouge les périodes pendant lesquelles elle a été une république (1848-1852 et à partir de 1870).

2. Écris le nom des régimes politiques qui se sont succédé : *Première République, Premier Empire, Restauration, Deuxième République, Second Empire, Troisième République.*

3. Relie chaque souverain à la période correspondante sur la chronologie.

4. Fais une légende pour expliquer les couleurs utilisées.

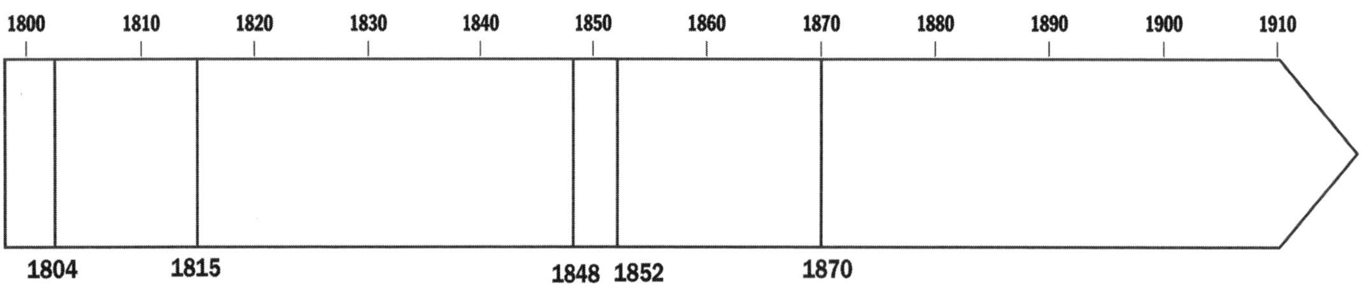

1. Napoléon Ier **2.** Napoléon III **3.** Louis XVIII **4.** Charles X **5.** Louis-Philippe

NAPOLÉON III

CE2
CM1
CM2

Fais des recherches et complète la fiche sur Napoléon III.

L.................- N.............................. B..............................

Né en .... Mort en ....

Neveu de ....

En 1848, il a été élu ....

En 1851, il a organisé un ....

qui lui a donné tous les pouvoirs. En 1852, il a mis fin à la république et est devenu

.... sous le nom de ....

Il a contribué à l'expansion économique de la France mais a gouverné de manière autoritaire. En 1870, il est fait prisonnier lors de la guerre contre la

.... et a été contraint de s'exiler en ....

EXERCICE

LA COMMUNE

CM1
CM2

Lis le texte et réponds aux questions en faisant une phrase à chaque fois.

1. Quelle était l'opinion de la Commune sur la peine de mort ?

....

....

....

2. Quelle réforme de l'école la Commune demandait-elle ?

....

....

3. Donne un exemple pour illustrer les libertés suivantes :

– liberté de parler : ....

....

....

– liberté d'écrire : ....

....

....

– liberté de se réunir : ....

....

....

– liberté de s'associer : ....

....

....

4. Explique avec tes propres mots le paragraphe 4 :

....

....

....

5. Explique avec tes propres mots le paragraphe 5 :

....

....

....

....

1. Un bataillon a réquisitionné la guillotine, il a brisé en morceaux la hideuse machine et aux applaudissements d'une foule immense, il l'a brûlée.

2. Considérant la nécessité qu'il y a, sous une république, de donner à la jeunesse une éducation républicaine, considérant que les écoles entretenues par les communes, par les départements ou par l'État doivent être ouvertes à tous les enfants, quelles que soient leurs croyances, la Commune demande que l'instruction religieuse soit supprimée dans toutes les écoles dont les frais sont payés par l'impôt.

3. La Commune réclame la liberté la plus complète de parler, d'écrire, de se réunir et de s'associer.

4. Nous demandons de pouvoir réquisitionner les maisons abandonnées afin d'y loger les citoyens sans abri.

5. Considérant que toute ville a le droit de donner le titre de citoyens aux étrangers qui la servent, les étrangers peuvent être admis dans la Commune.

Extraits de différentes déclarations de la Commune de Paris, 1871

SÉQUENCE 63

Les acquis du XIXe siècle et de la IIIe République

EXERCICE

VOCABULAIRE

CE2
CM1
CM2

Explique avec tes propres mots ce que sont :

1. une démocratie : ....

....

....

2. le suffrage universel : ....

....

....

3. la liberté d'association : ....

....

....

4. les conservateurs : ....

....

....

EXERCICE

VICTOR SCHOELCHER

CE2
CM1
CM2

Fais des recherches et complète la fiche sur Victor Schoelcher.

V.................................. S..................................

Né en .... Mort en ....

Métier : ....

Il a milité contre l'..

Il a élu député de la ....

et de la ....

En 1848, son action a permis l'.. de l'esclavage.

En ...., ses cendres ont été transférées au ....

aux côtés d'autres Français ayant joué un rôle important pour la patrie.

EXERCICE — LES ACQUIS DE 1848

CE2
CM1
CM2

Réponds aux questions en faisant une phrase à chaque fois.

1. Qui a obtenu le droit de vote en 1848 ?

....

....

2. Qui est resté exclu du vote en 1848 ?

....

....

3. Quelle autre décision importante a été prise en 1848 ?

....

....

4. Quel principe des droits de l'homme cette décision respecte-t-elle ?

....

....

EXERCICE — LES ACQUIS DE 1848 ET DE LA IIIe RÉPUBLIQUE

CM1
CM2

Complète le tableau.

Année	Mesure prise
1848	Suffrage ....
1848	Abolition de ....
....	Proclamation de la république
....	Liberté de presse
....	École laïque, ... et ....
....	Liberté syndicale
....	Liberté d'association
....	Séparation des Églises et de l'État

EXERCICE — JULES FERRY

CE2
CM1
CM2

Fais des recherches et complète la fiche sur Jules Ferry.

J.............................. F..

Né en .... Mort en ....

Métier : ....

Il a été député et ministre, notamment ministre de

....

Il est l'auteur des lois scolaires en .... et en ...., lois qui ont rendu l'école ...., ... et ....

De nombreuses écoles portent son nom en hommage à son action.

EXERCICE — VICTOR HUGO

CE2
CM1
CM2

Fais des recherches et complète la fiche sur Victor Hugo.

V.. H..

Né en .... Mort en ....

Métier : ....

Il est l'auteur, entre autres, de ....

....

....

Il est considéré comme le plus grand .... français.

En 1848, il a été élu .... En 1851, après le coup d'État de Louis-Napoléon Bonaparte, il s'est .... Il est revenu en 1870, après le départ de Napoléon III. Républicain convaincu, il a milité pour le suffrage ...., pour l'amélioration de la condition des ...., contre les différences sociales et contre la peine de .... Considéré comme un héros national, il a été enterré au .... en présence d'une foule immense : .... de personnes ont assisté à son enterrement.

EXERCICE

ÉMILE ZOLA

CE2
CM1
CM2

Fais des recherches et complète la fiche sur Émile Zola.

E... Z...

Né en .... Mort en ....

Métiers : .... et ....

Il est l'auteur, entre autres, de ....

....

....

Il est considéré comme l'un des plus grands .... français.

Il a milité pour améliorer le sort des ....

Il s'est engagé dans l'Affaire .... : le capitaine ....

avait été accusé à tort d'espionnage et condamné parce qu'il était ....

En 1908, les cendres d'Émile Zola ont été transférées au ....

aux côtés d'autres Français et Françaises ayant joué un rôle important pour la patrie.

EXERCICE

L'ÉCOLE DE LA IIIe RÉPUBLIQUE

CE2
CM1
CM2

Barre ce que l'école laïque ne permet pas :

1. mettre une croix avec Jésus au mur de la classe

2. parler des différentes religions à l'école

3. autoriser le maître à parler de sa religion et à influencer les élèves

4. autoriser les élèves à pratiquer leur religion, en dehors de l'école

5. proposer aux élèves de visiter une église, un temple, une synagogue ou une mosquée

6. obliger les élèves à aller prier

7. prier avant de commencer le cours

8. lire des extraits du Coran ou de la Bible en rapport avec la leçon d'histoire

9. accepter tous les élèves, quelle que soit leur religion

10. conseiller les élèves sur leur religion

EXERCICE

L'ÉCOLE DE LA IIIe RÉPUBLIQUE

CM1
CM2

Réponds aux questions.

1. Explique ce que signifie « école gratuite » : ....

....

....

2. En quoi le fait de rendre l'école gratuite était-il un progrès ? ....

....

....

....

3. À ton avis, qui paye l'école si ce ne sont pas les parents des élèves ? ....

....

....

4. Explique ce que signifie « école laïque » : ....

....

....

5. En quoi le fait de rendre l'école laïque était-il un progrès ? ....

....

....

....

6. Explique ce que signifie « école obligatoire » : ....

....

....

7. En quoi le fait de rendre l'école obligatoire était-il un progrès ? ....

....

....

....

8. À ton avis, pourquoi l'école devait-elle être gratuite et laïque avant d'être obligatoire ?

....

....

....

....

SÉQUENCE 64

La place inégalitaire des femmes

EXERCICE

LES FEMMES DANS LA SOCIÉTÉ

CE2
CM1
CM2

Coche pour indiquer les bonnes réponses :	au XIXe siècle	de nos jours
1. Les maris ont le droit de battre leur femme	☐	☐
2. Les femmes sont moins bien payées que les hommes	☐	☐
3. Les femmes peuvent quitter leurs maris	☐	☐
4. Les femmes gèrent elles-mêmes leurs biens	☐	☐
5. Les femmes peuvent voter	☐	☐
6. Les femmes peuvent librement adhérer à un syndicat	☐	☐
7. Les femmes doivent obéir à leurs maris	☐	☐
8. Les femmes peuvent passer le baccalauréat	☐	☐
9. Les femmes peuvent demander justice devant un tribunal	☐	☐
10. Les femmes peuvent être renvoyées de leur travail en cas de grossesse.	☐	☐

EXERCICE

LES FEMMES ET LE TRAVAIL

CE2
CM1
CM2

Colorie les métiers que les femmes pouvaient exercer au XIXe siècle.

juge paysanne institutrice dentellière banquière médecin domestique

députée mineure boulangère employée avocate ouvrière actrice

EXERCICE — LE COMBAT POUR L'ÉGALITÉ DES FEMMES

CM1
CM2

Relie chacune de ces femmes à son métier puis au rôle qu'elle a joué en faveur de l'amélioration de la condition des femmes.

Flora Tristan •	• écrivaine, elle a écrit de nombreux romans féministes et a milité pour que les femmes aient les mêmes droits que les hommes
Camille Claudel •	• chercheuse à une époque où la recherche était réservée aux hommes, elle a été la première femme professeure à la Sorbonne et a reçu le prix Nobel
Marie Curie •	• sculptrice, elle a été l'une des grands artistes du XIXe siècle, à une époque où les artistes étaient presque tous des hommes
Louise Michel •	• institutrice et militante politique, elle a participé à la Commune et a montré que la politique n'était pas réservée aux hommes
George Sand •	• militante politique, elle a appelé les ouvriers à respecter leurs épouses comme leurs égales

EXERCICE — LOUISE MICHEL

CE2
CM1
CM2

Fais des recherches et complète la fiche sur Louise Michel.

L.................................... M....................................

Née en .... Morte en ....

Métier : ....

En 1871, elle a participé à la ....

en prenant les armes.

Elle a été condamnée et déportée en ....

.... Elle est revenue en France en .... Elle a milité pour que les .... aient les mêmes droits que les hommes et pour que le sort des .... soit amélioré. Elle était très populaire et très écoutée.

EXERCICE

GEORGE SAND

CE2
CM1
CM2

Fais des recherches et complète la fiche sur George Sand.

A.................................. D.................................. connue sous

le pseudonyme de G.................................. S..............................

Née en .... Morte en ....

Métier: ....

Elle est l'auteure, entre autres, de ....

....

Elle a milité pour que les .... aient les mêmes droits que les hommes.

Elle fait scandale en quittant son ...., en étant la maîtresse

de .... et en s'habillant comme un ....

SÉQUENCE 65

L'Europe se tourne vers le monde

EXERCICE

LES EXPLORATIONS

CM1
CM2

Relie chaque explorateur à la région qu'il a parcourue.

Admundsen (Roald) •	• la banquise près du pôle Nord
Caillié (René) •	• l'Amérique du Sud
Nansen (Fridtjof) •	• le Groenland et le pôle Sud
Livingstone (David) •	• l'Afrique centrale et l'Afrique australe
Dumont d'Urville (Jules) •	• l'Afrique de l'Ouest dont Tombouctou
Savorgnan de Brazza (Pierre) •	• la Terre-Adélie en Antarctique
Speke (John) •	• la vallée du fleuve Congo
Bates (Henri Walter) •	• l'océan Arctique et les côtes de l'Antarctique
Barth (Heinrich) •	• la vallée du fleuve Amazone
Charcot (Jean-Baptiste) •	• le Sahara
Humboldt (Alexandre de) •	• le lac Victoria, source du Nil

LES DIFFICULTÉS DES EXPLORATIONS

CE2
CM1
CM2

Souligne tout ce qui concerne les explorateurs du XIXe siècle.

1. voyager des mois, voire des années, sans pouvoir donner de nouvelles

2. voyager des mois, voire des années, sans trouver d'essence pour son véhicule

3. voyager des mois sans rencontrer aucun être humain

4. traverser d'immenses étendues couvertes par la glace

5. traverser d'immenses forêts presque impénétrables

6. traverser d'immenses déserts

7. être atteint du paludisme (la malaria)

8. être atteint du sida

9. être atteint d'une diarrhée mortelle

10. être mis à mort par les populations rencontrées

11. être mis en esclavage par les populations rencontrées

12. ne pas retrouver son chemin pour rentrer chez soi

LES CAUSES DES MIGRATIONS

CE2
CM1
CM2

Relie chaque personne à ce qui a motivé son émigration hors d'Europe, au XIXe siècle.

les ouvriers et les paysans •	• le manque de travail
les Juifs d'Europe centrale •	• la soif d'aventure
les socialistes •	• les régimes politiques autoritaires
les explorateurs •	• les persécutions religieuses
les missionnaires •	• la volonté de convertir au christianisme

LES PAYS D'ACCUEIL

CE2
CM1
CM2

Parmi les régions et pays suivants, souligne ceux vers lesquels de nombreux Européens ont migré au XIXe siècle.

1. la Russie	**4.** les États-Unis	**7.** l'Arabie
2. l'Australie	**5.** l'Argentine	**8.** La Chine
3. l'Afrique de l'Ouest	**6.** l'Afrique du Sud	**9.** le Brésil

L'ENTRÉE AUX ÉTATS-UNIS

CE2
CM1
CM2

Lis le texte puis colorie les personnes qui risquaient d'être refusées à l'entrée des États-Unis au XIXᵉ siècle.

Le navire accosta, et le défilé commença. Italiens, Slovaques, Russes, Hollandais, Arméniens, Juifs, Allemands, Roumains, Hongrois, Grecs, des jeunes gens, des vieillards, des enfants, des femmes. Tous sont encombrés de paquets mal ficelés, de caisses sans couvercles, de valises bondées, de ballots éventrés qu'ils portent à la main, sur leur dos ou sur leur tête. C'est une foule grouillante d'ouvriers, ouvrières, paysans, domestiques, qui portent toute leur fortune dans ces paquets, des gens rejetés par la malchance loin de leurs ingrates patries. On les bouscule, on les presse, ils ne disent pas un mot, comme hébétés par les quinze jours de mer. On ne laissera pénétrer en Amérique que ceux qui peuvent vivre sans avoir recours à la charité publique. S'ils se trouvent sans argent ni relation en Amérique, s'ils sont vieux ou malades, on les renvoie d'où ils viennent. Mais un homme jeune, bien portant, avec une profession n'est jamais refusé, même s'il n'a pas d'argent et ne connaît personne.

D'après Jules Huret, *En Amérique*, 1905

LES ÉTATS-UNIS

CE2
CM1
CM2

Fais des recherches sur l'esclavage aux États-Unis et réponds aux questions.

1. Quel livre célèbre d'Harriet Beecher Stowe montrait la vie très dure des esclaves aux États-Unis au XIXᵉ siècle ? ....

En quelle année est-il paru ? ....

2. En quelle année l'esclavage a-t-il été aboli aux États-Unis ? ....

3. Les esclaves étaient-ils plus nombreux dans le Nord ou dans le Sud des États-Unis ?

....

4. Que s'est-il passé entre le Nord et le Sud quand l'esclavage a été aboli ?

....

SÉQUENCE 66 La colonisation

EXERCICE

LES EMPIRES COLONIAUX

CE2
CM1
CM2

Complète la carte des empires coloniaux au début du XXe siècle.

1. Colorie en bleu la France et ses colonies.

2. Colorie en vert la Grande-Bretagne et ses colonies.

3. Colorie en jaune les autres colonies européennes.

4. Écris au bon endroit : *AOF (Afrique occidentale française), AEF (Afrique équatoriale française), Inde, Australie, Afrique du Sud, Madagascar, Indochine, Algérie, Éthiopie.*

5. Complète la légende et donne un titre à la carte.

TITRE :

☐ Grande-Bretagne et ses colonies

☐ France et ses colonies

☐ Autres colonies

LA PÉRIODE COLONIALE

CE2
CM1
CM2

Écris après chaque légende la lettre du dessin correspondant.

A

B

C

D

E

F

1. Les Européens ont conquis certaines colonies, comme l'Algérie, par la guerre : .....

2. Dans d'autres territoires, ils ont signé des traités avec les chefs et les rois : .....

3. Les « indigènes » étaient obligés de travailler sur les plantations des colons : .....

4. Dans leurs propres champs, les « indigènes » étaient obligés de cultiver des plantes destinées à l'Europe : .....

5. Les Européens faisaient construire des routes et des voies de chemin de fer pour exporter les produits des colonies vers l'Europe : .....

6. Les missionnaires créaient des écoles et des centres de santé : .....

EXERCICE

L'ALGÉRIE

CE2
CM1
CM2

Réponds aux questions en faisant une phrase à chaque fois.

1. Où se trouve l'Algérie ?

----

2. En quelle année la France a-t-elle conquis l'Algérie ?

----

3. Combien de temps l'Algérie est-elle restée une colonie française ?

SÉQUENCE 67

L'art et la culture au XIXe siècle

EXERCICE

LES ARTISTES DU XIXe SIÈCLE

CE2
CM1
CM2

Parmi ces artistes, souligne ceux qui ont vécu au XIXe siècle.

1. Victor Hugo
2. Michel-Ange
3. Nadar
4. Picasso
5. Goethe
6. George Sand
7. Émile Zola
8. Camille Claudel
9. Louis Armstrong

EXERCICE

LES STYLES ARTISTIQUES DU XIXe SIÈCLE

CE2
CM1
CM2

Souligne les genres et courants artistiques qui sont apparus entre 1800 et 1914.

1. le jazz
2. le cubisme
3. l'impressionnisme
4. l'art gothique
5. le classicisme
6. la Renaissance
7. le romantisme
8. l'art roman
9. le rap

LES ŒUVRES ARTISTIQUES DU XIXe SIÈCLE

CE2
CM1
CM2

Écris sous chaque œuvre son nom, le nom de son auteur et la date à laquelle elle a été faite.

1. ....

....

....

....

....

2. ....

....

....

....

....

LES ARTISTES DU XIXe SIÈCLE

CE2
CM1
CM2

Relie chaque artiste à son art.

Victor Hugo •	
Claude Monet •	• littérature
Louis Armstrong •	
Picasso •	• peinture
Émile Zola •	
Camille Claudel •	• sculpture
Goethe •	
Nadar •	• photographie
George Sand •	
Auguste Renoir •	• musique
Franz Schubert •	

6 Le XXe siècle et le monde actuel depuis 1914

SÉQUENCE 68 La Première Guerre mondiale 1914-1918

EXERCICE

UNE GUERRE EUROPÉENNE

CM1
CM2

Complète la carte de la Première Guerre mondiale en Europe.

1. Colorie en bleu la France et ses alliés pendant la guerre.

2. Colorie en jaune l'Allemagne et ses alliés.

3. Écris : *France, Allemagne, Grande-Bretagne, Autriche-Hongrie, Russie.*

4. Complète la légende et donne un titre à ta carte.

TITRE :

☐ La France et ses alliés ☐ L'Allemagne et ses alliés

UNE GUERRE MONDIALE

CE2
CM1
CM2

Complète la carte de la Première Guerre mondiale.

1. Colorie en bleu la France et ses alliés pendant la guerre.

2. Colorie en jaune l'Allemagne et ses alliés.

3. Écris : *Russie, États-Unis, Canada, Afrique, Inde, Chine.*

4. Complète la légende et donne un titre à ta carte.

TITRE :

☐ La France et ses alliés ☐ L'Allemagne et ses alliés

QUATRE ANNÉES DE GUERRE

CE2
CM1
CM2

Complète la frise chronologique.

1. Colorie la période de la Première Guerre mondiale.

2. Écris : *Première Guerre mondiale* et place ses dates.

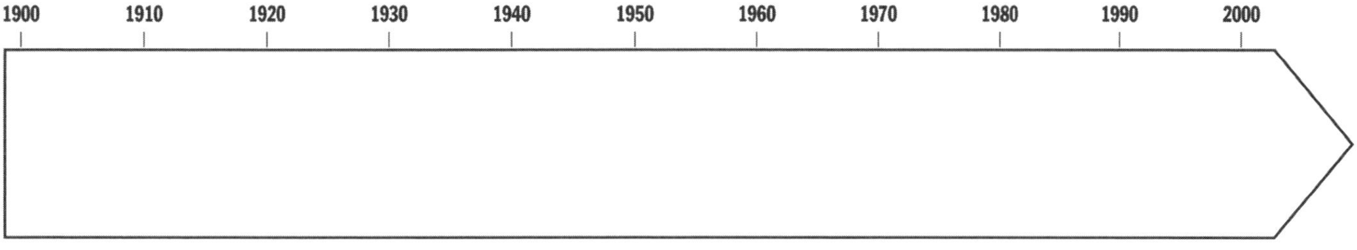

EXERCICE

LES ÉTAPES DU CONFLIT

CM1
CM2

Numérote ces événements dans l'ordre chronologique.

.... Jean Jaurès prônait le pacifisme : il a été assassiné.

.... Les États-Unis sont entrés en guerre aux côtés de la France et de la Grande-Bretagne.

.... La Russie, en proie à la révolution, a arrêté de combattre.

.... Les soldats français et allemands ont creusé les premières tranchées.

.... Les Français et leurs alliés ont battu les Allemands.

.... Les Allemands ont signé l'armistice le 11 novembre.

.... Les Allemands ont signé le traité de paix.

.... Les Allemands et les Français et d'autres peuples européens sont entrés en guerre.

.... De profondes rivalités politiques, économiques et coloniales déchiraient l'Europe.

EXERCICE

LA VIE DANS LES TRANCHÉES

CE2
CM1
CM2

Complète ce dessin en reliant les légendes aux éléments correspondants.

1. tranchée des Allemands **2.** remblais de protection **3.** tranchée des Français

4. masque à gaz **5.** barbelés pour empêcher les assauts **6.** abris contre les bombardements

EXERCICE

LE DEVOIR DE MÉMOIRE

CE2
CM1
CM2

Observe le monument aux morts de ta commune et réponds aux questions.

1. Où se trouve-t-il ?

2. Quelle est sa forme (décris le ou dessine le) ?

3. Quelles guerres sont évoquées dessus (classe-les par ordre chronologique) ?

4. Relève l'inscription principale.

5. Relève le nom de quelques soldats morts pendant la Première Guerre mondiale.

6. À ton avis, pourquoi a-t-on placé un tel monument dans ta commune ?

7. À quelles occasions se retrouve-t-on devant ce monument aux morts ?

LA VIE DANS LES TRANCHÉES

CE2
CM1
CM2

Souligne les propositions suivantes qui décrivent la vie des soldats dans les tranchées pendant la Première Guerre mondiale.

1. Quand il pleuvait, les soldats dormaient dans la boue.

2. Les soldats mangeaient mal : le ravitaillement était irrégulier.

3. Les soldats se trouvaient dans l'impossibilité de se laver.

4. Les soldats se laissaient pousser la barbe pour faire peur à l'ennemi.

5. Les soldats vivaient dans la peur à cause des tirs et des attaques au gaz.

6. Les soldats avaient surtout peur de la bombe atomique.

7. Parfois, les tranchées étaient bombardées par l'aviation ennemie.

8. Il n'y avait aucun médecin pour soigner les blessés.

SÉQUENCE 69 La montée de la violence 1918-1939

LES DICTATURES EUROPÉENNES

CM1
CM2

Relie chaque dictateur à son pays.

Souligne en rouge le nom de celui qui a mis en place une dictature communiste et en bleu le nom de ceux qui ont mis en place des dictatures d'extrême droite.

Hitler •	• Italie
Staline •	• URSS
Mussolini •	• Allemagne

LES DICTATURES EUROPÉENNES

CM1
CM2

Relie chaque date d'arrivée au pouvoir au nom du dictateur correspondant.

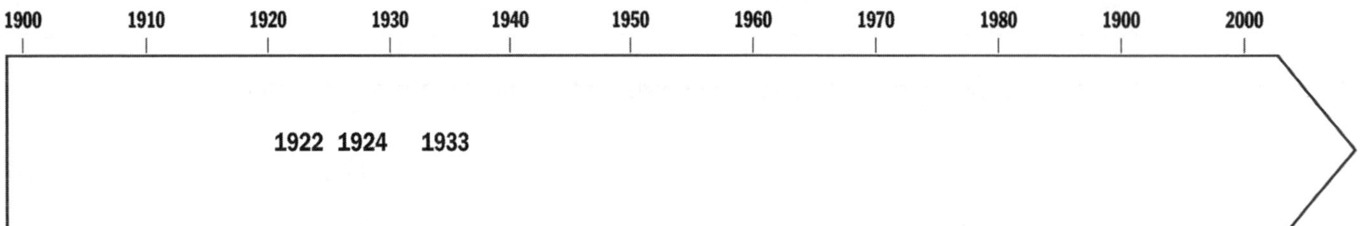

1. Staline **2.** Mussolini **3.** Hitler

La Deuxième Guerre mondiale 1939-1945

EXERCICE

LES DEUX GUERRES MONDIALES

CE2
CM1
CM2

Complète la frise chronologique.

1. Colorie la période de la Première et de la Deuxième Guerre mondiale.

2. Écris : *Première Guerre mondiale* et *Deuxième Guerre mondiale* et place leurs dates.

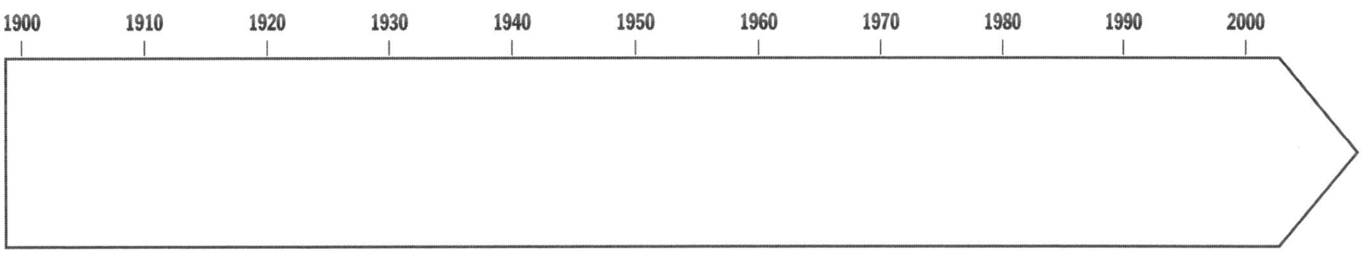

EXERCICE

LES ÉTAPES DU CONFLIT

CE2
CM1
CM2

Complète la frise chronologique.

1. Entoure en rouge la période de la Deuxième Guerre mondiale.

2. Colorie en orange la période pendant laquelle l'Allemagne a gagné du terrain (1939-1942) et en vert celle pendant laquelle les Alliés ont été les vainqueurs (1943-1945).

3. Mets un point rouge pour indiquer l'entrée en guerre de l'URSS, un point bleu pour indiquer celle des États-Unis, un point vert pour indiquer le débarquement en Normandie et une étoile pour indiquer les bombes atomiques au Japon.

4. Établis une légende.

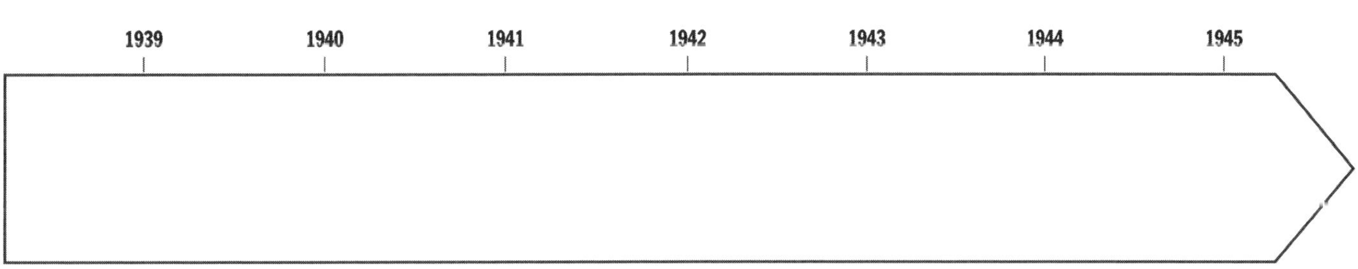

UNE GUERRE MONDIALE

CE2
CM1
CM2

Complète la carte de la Deuxième Guerre mondiale.

1. Colorie en vert foncé la Grande-Bretagne et ses alliés au début de la guerre.

2. Colorie en vert clair les pays entrés en guerre aux côtés de la Grande-Bretagne pendant le conflit.

3. Colorie en jaune l'Allemagne et ses alliés au début de la guerre.

4. Écris au bon endroit : *URSS, États-Unis, Canada, Chine, Inde, Japon.*

5. Complète la légende et donne un titre à ta carte.

TITRE :

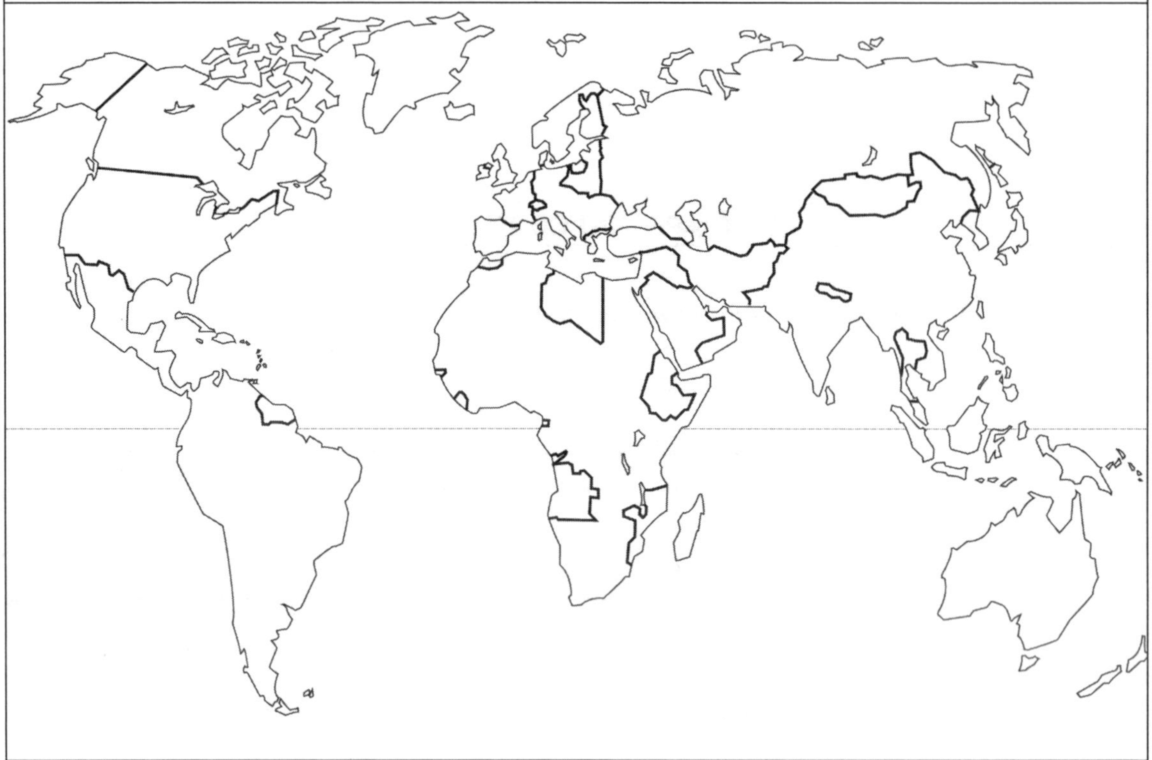

- Territoires dominés par l'Allemagne, l'Italie ou le Japon et leurs alliés
- La Grande-Bretagne et ses alliés au début de la guerre
- Les pays entrés en guerre aux côtés de la Grande-Bretagne pendant le conflit

EXERCICE

UNE GUERRE EUROPÉENNE

CM1
CM2

Complète la carte de la Deuxième Guerre mondiale en Europe.

1. Colorie en jaune l'Allemagne et ses alliés au début de la guerre.

2. Colorie en jaune clair les régions envahies par l'Allemagne pendant la guerre.

3. Colorie en vert foncé les pays qui ont continué la guerre contre l'Allemagne pendant tout le conflit.

4. Colorie en vert clair les pays qui sont entrés en guerre contre l'Allemagne après le début du conflit.

5. Place un point ou une étoile pour situer les différents lieux de débarquement des Alliés.

6. Écris au bon endroit : *France, Allemagne, Grande-Bretagne, Italie, URSS, Turquie, Algérie, Pologne.*

7. Complète la légende et donne un titre à ta carte.

TITRE :

☐ L'Allemagne et ses alliés au début de la guerre

☐ Les régions envahies par l'Allemagne pendant la guerre

☐ Les pays en guerre contre l'Allemagne pendant tout le conflit

☐ Les pays entrés en guerre contre l'Allemagne pendant le conflit

✸ Débarquement des Alliés

SÉQUENCE 71 **L'antisémitisme et le génocide**

EXERCICE

VOCABULAIRE

CE2
CM1
CM2

Explique avec tes propres mots ce que sont :

1. le racisme : ....

....

2. l'antisémitisme : ....

....

3. un camp de concentration : ....

....

....

4. un génocide : ....

....

5. la déportation : ....

....

....

EXERCICE

ANNE FRANK

CE2
CM1
CM2

Fais des recherches et complète la fiche sur Anne Frank.

A.......... F..........

Née en .... Morte en ....

Pays de naissance : ....

Pendant la guerre, elle s'est cachée avec sa famille dans un appartement dans la ville d'.......... .

En 1944, sa famille et elle-même ont été dénoncées.

Elle a été déportée dans le camp de concentration de ....

puis dans celui de .... où elle est morte. Elle est célèbre pour avoir écrit son .... à partir de l'âge de 13 ans : elle y raconte sa vie à l'époque des nazis. Ce journal a été publié après la guerre.

EXERCICE L'ANTISÉMITISME

CM1
CM2

Souligne les phrases qui sont justes.

1. Les nazis affirmaient que les Allemands étaient supérieurs aux autres peuples.
2. Les nazis affirmaient que les juifs étaient responsables des difficultés de l'Allemagne.
3. Les nazis ont confisqué les biens des juifs.
4. Les nazis ont empêché les juifs de se marier.
5. Les nazis ont empêché les juifs de voter.
6. Les nazis ont empêché les juifs d'exercer certains métiers.
7. Les nazis ont empêché les juifs d'habiter dans certains quartiers.
8. Les nazis ont interdit aux juifs d'aller dans les lieux publics comme les cinémas.

EXERCICE L'ANTISÉMITISME ET LE GÉNOCIDE

CE2
CM1
CM2

Découpe les dessins et remets-les dans l'ordre chronologique.

Après la guerre, on a découvert que 5 millions de juifs ont été exterminés.

Les nazis ont déporté les juifs vers des camps de concentration.

Les nazis ont arrêté les juifs vivant dans les territoires qu'ils occupaient.

Les nazis ont réduit les libertés et les droits des juifs.

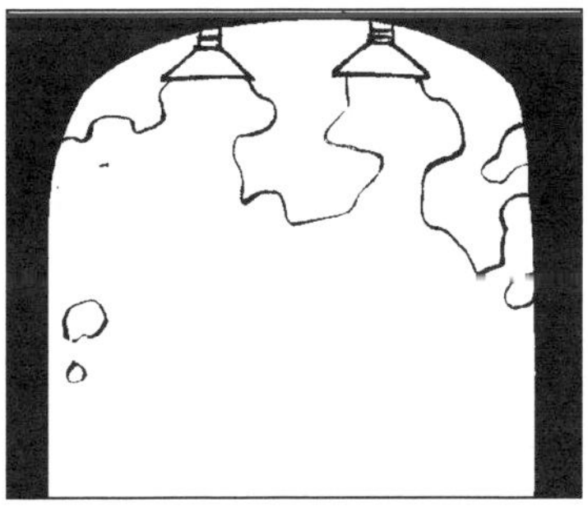

À partir de 1942, les nazis ont exécuté les juifs dans des chambres à gaz.

La vie dans les camps était très pénible et beaucoup mouraient.

SÉQUENCE 72

La France dans la guerre 1940-1945

EXERCICE

LA FRANCE DANS LA GUERRE

CM1
CM2

Réponds aux questions en faisant une phrase à chaque fois.

1. Jusqu'à quand la France a-t-elle été en guerre contre les Allemands ?

....

....

2. Qui a dirigé la France à partir de cette date ?

....

....

3. Qu'est-ce que la France a signé avec les Allemands à cette date ?

....

....

4. Dans quelle ville le gouvernement s'est-il installé ?

....

....

5. Qu'appelle-t-on l'Occupation ?

....

....

....

6. Qu'appelle-t-on la Collaboration ?

....

....

....

7. Qu'appelle-t-on la Résistance ?

....

....

....

EXERCICE LES COMBATS PUIS L'OCCUPATION

CE2
CM1
CM2

Complète la frise chronologique.

1. Entoure en rouge la période de la Deuxième Guerre mondiale.

2. Colorie en vert la période pendant laquelle la France a participé aux combats, en orange celle pendant laquelle elle a été occupée par les Allemands puis à nouveau en vert lacelle à partir du débarquement en Normandie, quand les Français ont repris le combat.

3. Mets un point vert pour indiquer le débarquement en Normandie et un point rouge pour indiquer l'armistice.

4. Fais une légende pour expliquer les couleurs et les symboles utilisés.

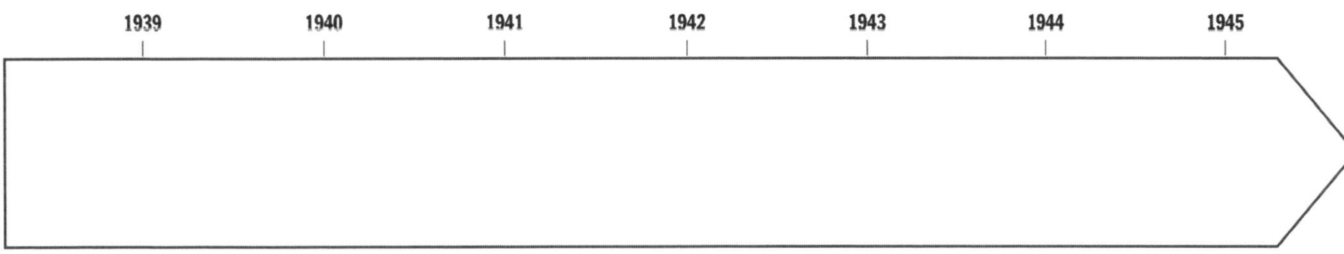

EXERCICE LA ZONE OCCUPÉE ET LA ZONE LIBRE

CM1
CM2

Complète la carte de la France dans la Deuxième Guerre mondiale.

1. Colorie en orange la zone occupée, en vert la « zone libre » et écris le nom des capitales.

2. Trace une flèche pour montrer l'avancée de l'armée allemande en 1942.

3. Place deux étoiles pour indiquer les deux débarquements en France en 1944.

4. Complète la légende et donne un titre à la carte.

TITRE :

LÉGENDE

☐ Zone occupée

☐ Zone libre

Débarquement

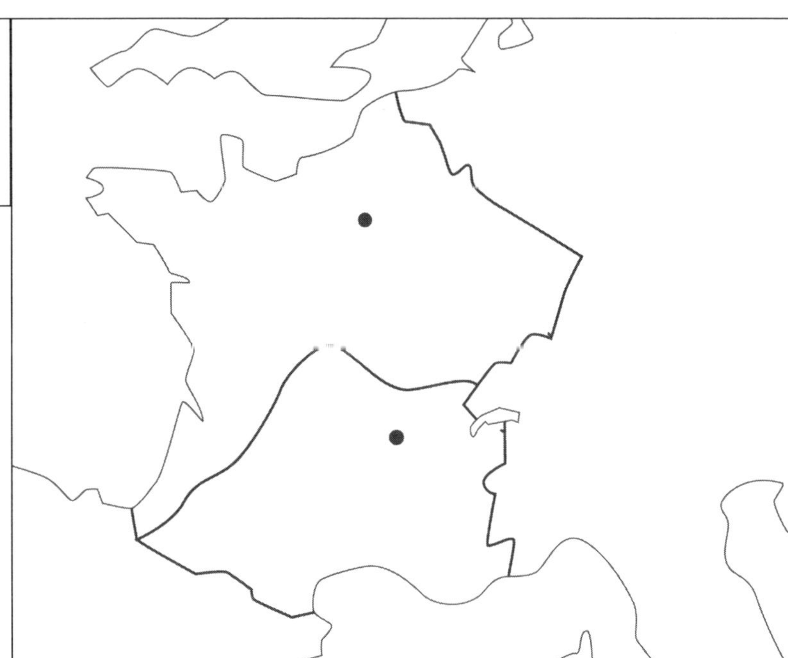

EXERCICE

LE GÉNÉRAL DE GAULLE

CE2
CM1
CM2

Fais des recherches et complète la fiche sur le général de Gaulle.

C.................................. de G..................................

Né en .... Mort en ....

Métier : .... puis

....

Pendant la Deuxième guerre mondiale, il s'est réfugié à .... et est devenu le chef de la ....

et a pris la tête de la Libération de la ....

Après la guerre, il a fondé un parti politique. En 1958, il a été élu .... de la .... Il a fait voter une nouvelle Constitution, a mis fin à la guerre d'.. en 1962.

Il a démissionné en ...., ... an(s) avant sa mort.

EXERCICE

JEAN MOULIN

CE2
CM1
CM2

Fais des recherches et complète la fiche sur Jean Moulin.

J.................................. M..................................

Né en .... Mort en ....

En 1937, il a été le plus jeune .... de France.

En 1940, il s'est rallié à la ....

et est devenu le chef de la Résistance sous le nom de code de ....

Il a été dénoncé et arrêté par les Allemands en .... Il a été torturé puis déporté vers un camp de concentration et est mort dans le ....

En 1964, ses cendres ont été transférées au .... aux côtés d'autres Français et Françaises ayant joué un rôle important pour la patrie.

SÉQUENCE 73 Construire la paix après 1945

EXERCICE — LE TRAUMATISME DE LA GUERRE

CM1
CM2

Complète les phrases sur les conséquences de la Deuxième Guerre mondiale en choisissant parmi les mots suivants :

traumatisme, l'Europe, les équipements (usines, transports...), les États-Unis d'Amérique, 5 millions, l'URSS, 50 millions, de nombreuses villes, les actes de barbarie.

1. La Deuxième Guerre mondiale a tué .... de personnes au total dans le monde.

2. Elle a provoqué la mort de .... juifs dans les camps de concentration.

3. Les bombardements ont détruit .... et ....

4. La guerre a entraîné le déclin de ....

5. Après la guerre, les deux grandes puissances mondiales ont été : .... et ....

6. La Deuxième Guerre mondiale a provoqué un profond .... moral : le monde a découvert ....commis pendant la guerre.

EXERCICE — LA PAIX DANS LE MONDE

CE2
CM1
CM2

Complète la frise chronologique.

1. Colorie les périodes de la Première et de la Deuxième Guerre mondiale.

2. Place la création de l'ONU.

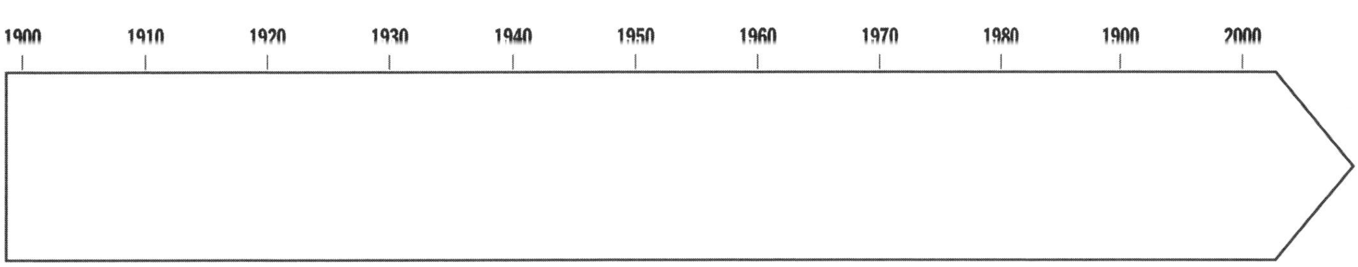

EXERCICE

LA PAIX DANS LE MONDE

CM1
CM2

Explique ce que sont :

1. L'ONU (Organisation des Nations unies) : ....

....

....

2. L'Unicef : ....

....

....

3. La Déclaration universelle des droits de l'homme : ....

....

....

EXERCICE

LES DROITS DE L'HOMME ET DE L'ENFANT

CE2
CM1
CM2

Donne un exemple pour illustrer cet article de la Déclaration universelle des droits de l'homme.

Tous sont égaux devant la loi : ....

....

....

....

CE2
CM1
CM2

Explique chacun de ces articles de la Convention internationale des droits de l'enfant.

1. Tout enfant a droit à la liberté d'expression, sous réserve du respect d'autrui et de l'ordre public : ....

....

....

....

2. Tout enfant a le droit de ne pas être séparé de ses parents, sauf dans son intérêt :

....

....

....

....

EXERCICE — LA CONSTRUCTION EUROPÉENNE

CE2
CM1
CM2

Complète la frise chronologique.

1. Place un point rouge pour le traité de Rome créant la CEE et un point bleu pour le traité de Maastricht instituant l'Union européenne, et écris leurs noms.

2. Colorie la période de la « construction européenne », des débuts de la CEE à nos jours, et écris son nom.

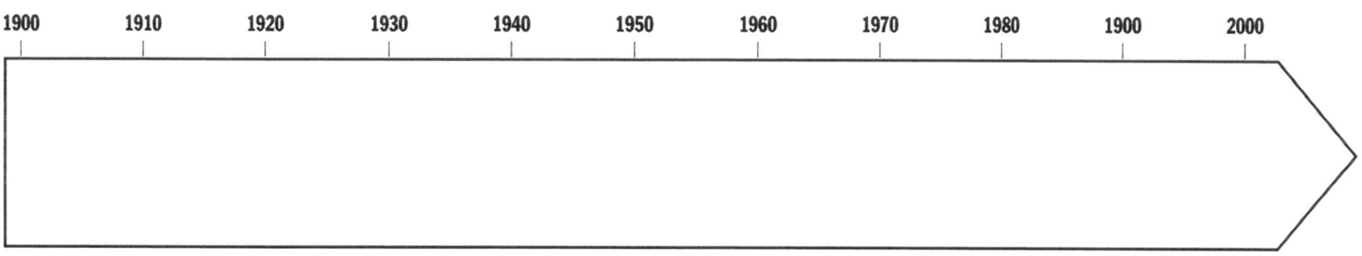

EXERCICE — LA CONSTRUCTION EUROPÉENNE

CE2
CM1
CM2

Complète la carte de l'Union européenne.

1. Colorie en bleu foncé les pays à l'origine de la CEE (1957).

2. Colorie en bleu clair les pays entrés dans la CEE puis l'Union européenne après 1957.

3. Complète la légende et donne un titre à la carte.

SÉQUENCE 74

La persistance des violences et de l'exclusion

EXERCICE

VOCABULAIRE

CE2
CM1
CM2

Explique avec tes propres mots ce que l'on appelle :

1. le terrorisme : ....

....

....

2. une guerre civile : ....

....

....

3. l'apartheid : ....

....

....

EXERCICE

UN SIÈCLE DE VIOLENCE ET D'EXCLUSION

CM1
CM2

Complète chacune de ces phrases avec le nom du pays correspondant. Pour cela, cherche dans un dictionnaire ou une encyclopédie à partir des mots soulignés.

1. De 1948 à 1991, ... a connu l'apartheid, un régime dans lequel toutes les personnes qui n'étaient pas des Blancs (les Noirs, les métis, les personnes d'origine indienne) étaient exclues de la vie politique, économique, sociale et culturelle.

2. De 1975 à 1979, les Khmers rouges ont provoqué un immense génocide au .... : un quart de la population du pays a été tué.

3. En 1990, des tensions entre les Hutus et les Tutsis ont plongé le .... dans une terrible guerre civile, qui a entraîné le génocide d'un million de personnes en trois mois.

4. Dans les années 1980 puis 1990, la .... dans les Balkans s'est déchirée dans une guerre civile ; l'Europe a à nouveau connu les camps de concentration et des génocides.

5. En 2001, aux ...., des terroristes ont détourné des avions qu'ils ont fait s'écraser sur deux grandes tours à New York, provoquant la mort d'environ 3 000 personnes et mettant le monde en état de choc.

EXERCICE — DES VOIX CONTRE LA VIOLENCE ET L'INTOLÉRANCE : CHARLIE CHAPLIN

CE2
CM1
CM2

Fais des recherches et complète la fiche sur Charlie Chaplin.

C.................................. C..................................

Né en .... Mort en ....

Métier : .... et ....

de films, notamment de films muets.

Il est devenu célèbre avec son personnage : ....

Dans ses films, il a notamment dénoncé la misère et les inégalités sociales dans le pays dans lequel il vivait : les ....

En 1940, dans son film ...., il a dénoncé ....

....

....

EXERCICE — DES VOIX CONTRE LA VIOLENCE ET L'INTOLÉRANCE : GANDHI

CE2
CM1
CM2

Fais des recherches et complète la fiche sur Gandhi.

M......................... K......................... G.........................

Né en .... Mort en ....

Nationalité : ....

Métier : ....

Il a organisé des actions non ....

pour protester contre ....

....

et obtenir le départ des colons anglais et l'.............................. de l'Inde.

Ses actions consistaient notamment en des ....

et des grèves de la .... Il a été plusieurs fois emprisonné.

Il a été assassiné peu de temps après l'indépendance de l'Inde, qui l'a reconnu comme le père de la ....

SÉQUENCE 75 Les décolonisations

UN CONTEXTE FAVORABLE

CE2
CM1
CM2

Souligne les informations qui sont justes à propos des facteurs de la décolonisation.

1. Après la guerre, les peuples colonisés ont réclamé plus fermement leur indépendance.
2. Les Français ne voulaient plus de leurs colonies.
3. La guerre avait affaibli le prestige des Européens.
4. Les colons souhaitaient rentrer dans leur pays d'origine.
5. L'ONU, dès sa création, a été favorable aux peuples qui réclamaient leur indépendance.
6. Les colonies attendaient de la reconnaissance pour leur participation à la guerre.
7. Les deux grandes puissances, l'URSS et les États-Unis, étaient hostiles à la colonisation.

LA DÉCOLONISATION FRANÇAISE

CE2
CM1
CM2

Complète la frise chronologique.

1. Colorie en marron les périodes correspondant aux deux guerres mondiales, en jaune la période de la guerre d'Indochine et en bleu celle de la guerre d'Algérie.
2. Indique par un point rouge l'année au cours de laquelle la majorité des colonies françaises d'Afrique a accédé à l'indépendance.
3. Fais une légende pour expliquer les couleurs et les symboles utilisés.

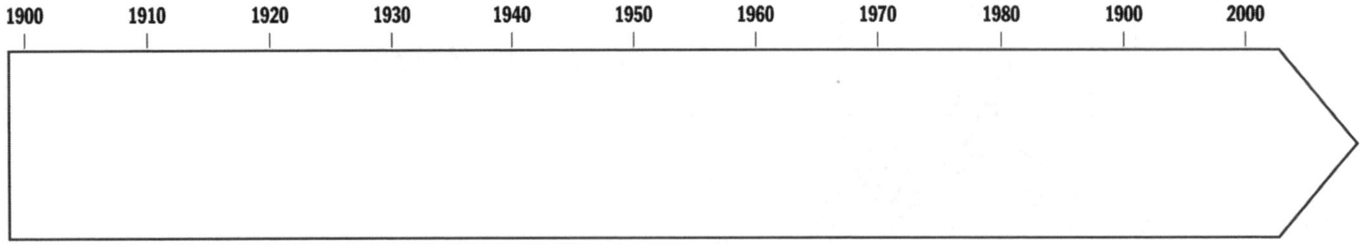

LES ANCIENNES COLONIES FRANÇAISES

CE2
CM1
CM2

Trouve le nom actuel…

1. de l'ancienne Haute-Volta : ....

2. des trois pays qui composent l'ancienne Indochine :

– ....

– ....

– ....

EXERCICE — LA COLONISATION FRANÇAISE

CM1
CM2

Parmi les pays suivants, entoure tous ceux qui ont été des colonies françaises.

1. Algérie	**7.** Maroc	**13.** Tunisie	**19.** Égypte
2. Sénégal	**8.** Haute-Volta	**14.** Mali	**20.** Niger
3. Bénin	**9.** Guinée	**15.** Ghana	**21.** Côte d'Ivoire
4. Togo	**10.** Cameroun	**16.** Tchad	**22.** Centrafrique
5. Éthiopie	**11.** Gabon	**17.** Congo	**23.** Kenya
6. Vietnam	**12.** Cambodge	**18.** Inde	**24.** Laos

EXERCICE — LA DÉCOLONISATION FRANÇAISE

CE2
CM1
CM2

Complète la carte des décolonisations françaises.

1. Colorie en rouge les colonies françaises qui ont accédé à l'indépendance par la guerre.

2. Colorie en jaune les colonies françaises qui ont eu une indépendance pacifique.

3. Écris le nom de quelques colonies françaises : *Indochine, Algérie, AOF, AEF, Madagascar, Maroc, Tunisie.*

4. Complète la légende et donne un titre à la carte.

TITRE :

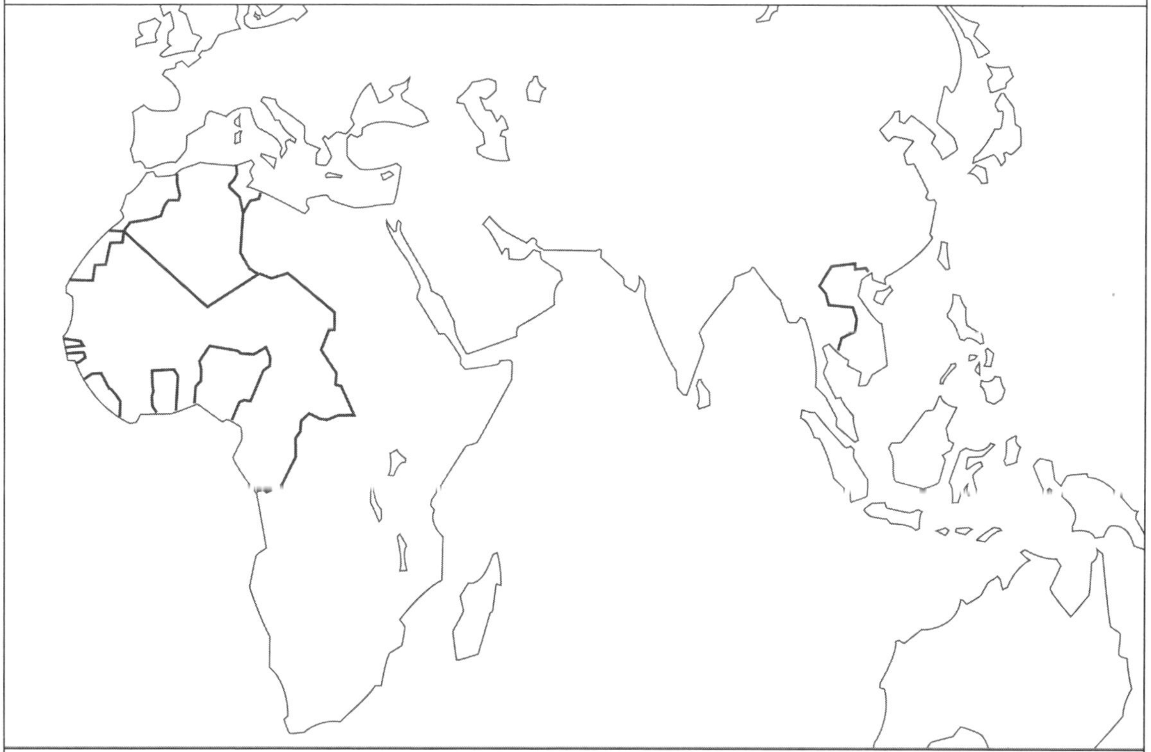

☐ Décolonisation négociée ☐ Guerre d'indépendance

LÉOPOLD SEDAR SENGHOR

CE2
CM1
CM2

Fais des recherches et complète la fiche sur Léopold Sedar Senghor.

L.............................. S.............................. S..............................

Né en .... Mort en ....

Nationalité : ....

Métier : .... et ....

....

Il a fait ses études en ....

En 1945, il a été élu .... et a milité en faveur de l'..

du Sénégal. En 1960, il est devenu le premier ....

du Sénégal et l'est resté jusqu'en ....

Poète, fervent défenseur de la langue française et de la francophonie, il a été élu à

l'Académie .... en 1983.

SÉQUENCE 76

Les progrès scientifiques et techniques

ALBERT EINSTEIN

CE2
CM1
CM2

Fais des recherches et complète la fiche sur Albert Einstein.

A...................................... E......................................

Né en .... Mort en ....

Il a vécu en ...., en ....

puis aux ....

Physicien, il a effectué des recherches et mis au point la

théorie de la ....

qui a bouleversé les recherches sur l'espace, l'Univers et le temps.

Considéré comme un génie, il a reçu le prix ....

de .... en 1921.

EXERCICE

LES PROGRÈS DU XXe SIÈCLE

CM1
CM2

Colorie ou entoure les dessins qui présentent un progrès datant du XXe siècle.

1. La machine à vapeur de James Watt

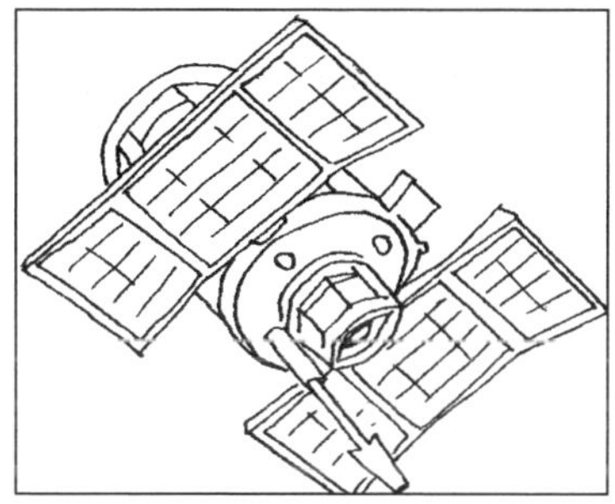

2. Les premiers satellites artificiels

3. La découverte des antibiotiques

4. L'invention du téléphone

5. L'invention de l'ordinateur

6. La mise au point du vaccin contre la rage

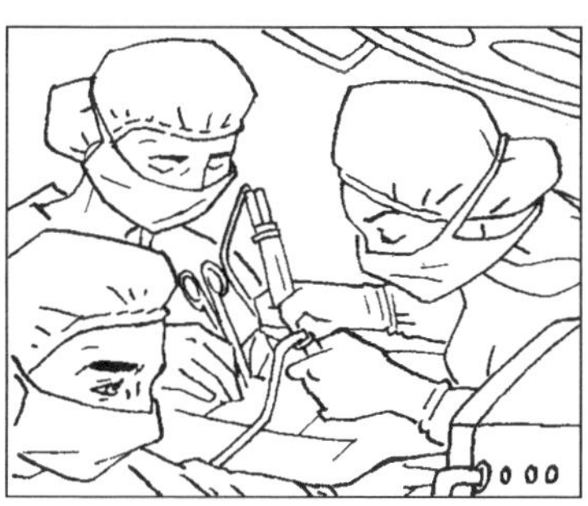

7. La première greffe du cœur

8. Les premiers réfrigérateurs

9. Le premier être humain sur la Lune

10. L'invention de l'ampoule électrique

11. La création du réseau Internet

12. Les premiers films de cinéma

SÉQUENCE 77 **La Cinquième République de 1958 à nos jours**

EXERCICE

VOCABULAIRE

CE2
CM1
CM2

Explique avec tes propres mots ce que l'on appelle :

1. une Constitution : ....

....

....

....

2. un référendum : ....

....

....

....

EXERCICE

UNE NOUVELLE CONSTITUTION

CM1
CM2

Complète les phrases avec les mots suivants :

peuple, judiciaire, l'Assemblée nationale, le président de la République, le gouvernement, les juges, le Sénat, exécutif, législatif, référendum, tribunaux, élections, ministres.

1. Le pouvoir appartient au .... qui s'exprime lors des .... en choisissant ses dirigeants. Pour les décisions importantes, il peut également s'exprimer dans un ....

2. Le pouvoir .... est le pouvoir d'élaborer et de voter les lois. En France, il est partagé entre .... et ....

3. Le pouvoir .... est le pouvoir de faire appliquer les lois. En France, il est détenu par ...., élu au suffrage universel, et par .... qui se compose des différents ....

4. Le pouvoir .... est le pouvoir de sanctionner ceux qui ne respectent pas les lois. Il est détenu par .... dans les différents ....

LA VIE POLITIQUE FRANÇAISE

CM1
CM2

Fais des recherches et réponds aux questions en faisant une phrase à chaque fois.

1. Combien y a-t-il de députés à l'Assemblée nationale ? ....

....

....

2. Comment s'appelle le député de ta circonscription ? ....

....

....

3. En quelle année les prochaines élections législatives auront-elles lieu ? ....

....

....

4. Quel est le nom de l'actuel Premier ministre ? ....

....

....

5. Quel est le nom de l'actuel président de la République ? ....

....

....

6. En quelle année les prochaines élections présidentielles auront-elles lieu ? ....

....

....

LES PRÉSIDENTS DE LA CINQUIÈME RÉPUBLIQUE

CE2
CM1
CM2

Souligne le nom des présidents de la Cinquième République.

1. Jacques Chirac

2. Lionel Jospin

3. Charles de Gaulle

4. François Bayrou

5. Georges Pompidou

6. François Mitterrand

7. Valéry Giscard d'Estaing

8. Nicolas Sarkozy

9. Jean-Marie Le Pen

10. Ségolène Royal

LES PRÉSIDENTS DE LA CINQUIÈME RÉPUBLIQUE

CM2 **Complète la fiche de chacun des présidents de la Cinquième République.**

Nom : ....

Année de naissance : ....

Année de décès s'il/si elle est mort(e) : ....

Dates de sa présidence : ....

Son parti politique : ....

....

Ses principales réalisations : ....

....

Nom : ....

Année de naissance : ....

Année de décès s'il/si elle est mort(e) : ....

Dates de sa présidence : ....

Son parti politique : ....

....

Ses principales réalisations : ....

....

Nom : ....

Année de naissance : ....

Année de décès s'il/si elle est mort(e) : ....

Dates de sa présidence : ....

Son parti politique : ....

....

Ses principales réalisations : ....

....

Nom : ....

Année de naissance : ....

Année de décès s'il/si elle est mort(e) : ....

Dates de sa présidence : ....

Son parti politique : ....

....

Ses principales réalisations : ....

....

....

Nom : ....

Année de naissance : ....

Année de décès s'il/si elle est mort(e) : ....

Dates de sa présidence : ....

Son parti politique : ....

....

Ses principales réalisations : ....

....

....

Nom : ....

Année de naissance : ....

Année de décès s'il/si elle est mort(e) : ....

Dates de sa présidence : ....

Son parti politique : ....

....

Ses principales réalisations : ....

....

....

LES ÉTAPES DE LA VIE POLITIQUE FRANÇAISE

CE2
CM1
CM2

Complète la frise chronologique.

1. Entoure en rouge la période de la Cinquième République.

2. Colorie de couleurs différentes les périodes correspondant aux différents présidents de la République et écris leurs initiales et les dates de leur présidence.

3. Indique par un point rouge l'année de la grande révolte des étudiants.

4. Fais une légende.

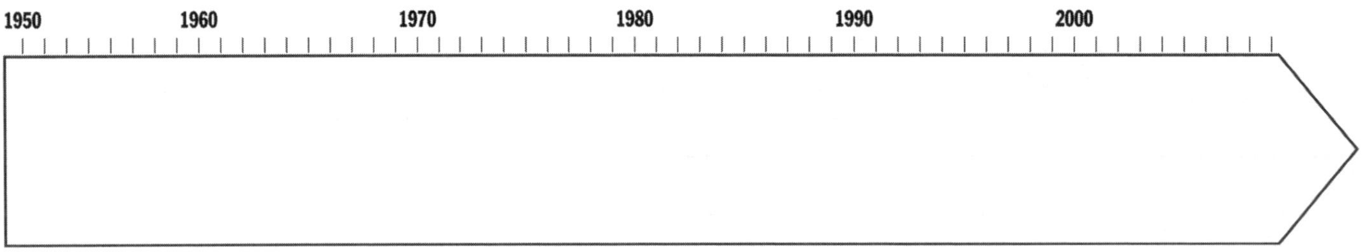

LES RÉALISATIONS DE LA CINQUIÈME RÉPUBLIQUE

CM1
CM2

Souligne les réalisations de la Cinquième République.

1. l'école gratuite, laïque et obligatoire

2. l'élection du président de la République au suffrage universel

3. l'abolition de la peine de mort

4. le suffrage universel masculin

5. la majorité à 18 ans

6. la création du RMI (Revenu minimum d'insertion)

7. la liberté de presse

8. la fin de la guerre d'Algérie

9. le droit de vote aux femmes

10. la Déclaration des droits de l'homme et du citoyen

11. la fin de la guerre d'Indochine

12. la mise en place de la laïcité en France

13. la mise en place des indemnités pour les chômeurs

14. la liberté syndicale

15. la décolonisation de l'Afrique noire française

16. la mise en place des indemnités pour les retraités

17. la construction de l'Union européenne

SÉQUENCE 78

La société française et européenne

LA CROISSANCE PUIS LA CRISE

CE2
CM1
CM2

Complète la frise chronologique.

1. Colorie en vert la période de croissance économique (1945-1974).

2. Colorie en bleu la période de crise économique (depuis 1974).

3. Écris au bon endroit : *Trente Glorieuses* et *Crise économique*

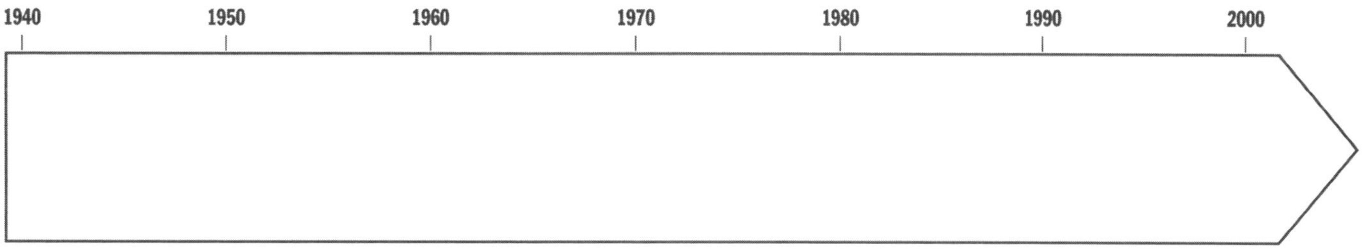

VOCABULAIRE

CM1
CM2

Explique avec tes propres mots :

1. la croissance économique : ....

2. l'immigration : ....

3. le chômage : ....

4. les congés payés : ....

5. la société de consommation : ....

EXERCICE

LA FRANCE AU XXe SIÈCLE

CE2
CM1
CM2

Colorie ou entoure les dessins qui correspondent à la France depuis la Deuxième Guerre mondiale.

1. Les femmes ont obtenu le droit de vote.

2. Le pays a vécu la Restauration.

3. La France a accueilli de nombreux migrants.

4. Les étudiants ont organisé des émeutes.

5. Les conditions de vie se sont améliorées.

6. La France a connu un coup d'État.

7. La France a participé à une guerre.

8. Le pays a connu une montée du chômage.

9. Le gouvernement s'est installé à Vichy.

10. Le nombre d'agriculteurs a diminué.

11. Le nombre d'ouvriers a diminué.

12. Le nombre d'employés de bureau a diminué.

EXERCICE

LA SOCIÉTÉ DE CONSOMMATION

CE2
CM1
CM2

Souligne en rouge ce que la plupart des familles avaient au début du xxe siècle.
Souligne en bleu ce que la plupart des familles ont de nos jours.

1. une habitation	**8.** l'électricité	**15.** un poste de radio
2. une voiture	**9.** un réfrigérateur	**16.** un évier
3. l'eau courante	**10.** une caravane	**17.** des lits
4. des vêtements	**11.** un lave-linge	**18.** une montre
5. des chaises	**12.** une salle de bains	**19.** le téléphone
6. une maison de vacances	**13.** une télévision	**20.** une table
7. des livres	**14.** des couverts	**21.** une moto

SÉQUENCE 79

Une nouvelle place pour les femmes

EXERCICE

LA PLACE DES FEMMES DANS LA SOCIÉTÉ FRANÇAISE

CE2
CM1
CM2

Souligne les phases qui sont justes.

1. Les femmes ont le droit d'avoir un métier depuis 1944.

2. De nos jours, les femmes ont le droit d'avoir les mêmes emplois que les hommes.

3. De nos jours, les femmes ont les mêmes salaires que les hommes.

4. Désormais, la loi interdit de licencier une femme parce qu'elle est enceinte.

5. Le Code civil continue de reconnaître les hommes comme supérieurs aux femmes.

6. La loi accorde aux hommes l'autorité au sein de la famille.

7. Les femmes ont les mêmes droits que les hommes au sein de la famille.

8. Les hommes comme les femmes peuvent demander le divorce.

9. Tous les hommes reconnaissent l'égalité avec les femmes dans la famille.

10. Au début du xxe siècle, il était mal vu qu'une femme fasse du sport.

11. Au début du xxe siècle, il était mal vu qu'une femme conduise.

12. Au début du xxe siècle, il était mal vu qu'une femme porte un pantalon.

13. Les femmes n'ont obtenu le droit de vote qu'en 1944.

14. La France a été l'un des derniers pays européens à accorder le droit de vote aux femmes.

15. Désormais, il y a autant de femmes que d'hommes députés.

16. Actuellement, le président de la République est une femme.

Achevé d'imprimer en septembre 2007 dans les ateliers de Normandie Roto Impression s.a.s., 61250 Lonrai
N° d'imprimeur : 07-2766 – Dépôt légal n° 90183 – Septembre 2007 – *Imprimé en France*